中国林业产业发展指南 2017—2018

中国林业产业联合会 主编

中国林业出版社

图书在版编目(CIP)数据

中国林业产业发展指南. 2017—2018 / 中国林业产业联合会主编. —北京：中国林业出版社，2019. 1

ISBN 978-7-5219-0164-1

Ⅰ. ①中… Ⅱ. ①中… Ⅲ. ①林业经济 - 产业发展 - 中国 - 2017 - 2018 - 指南 Ⅳ. ①F326. 23-62

中国版本图书馆 CIP 数据核字(2019)第 138556 号

出版 中国林业出版社(100009 北京西城区刘海胡同 7 号)
电话 010 - 83143564
发行 中国林业出版社
印刷 北京中科印刷有限公司
版次 2019 年 1 月第 1 版
印次 2019 年 1 月第 1 次
开本 787mm × 1092mm，1/16
印张 6. 25
字数 230 千字
定价 65. 00 元

中国林业产业发展指南课题组

编辑委员会

主　任：王　满
副主任：石　峰　王欲飞　陈圣林　李志伟
编　委：（按姓氏笔画排序）
丁国栋　王思源　叶　智　田治威　吕永来　朱延春
孙伟平　纪　亮　杜红岩　李广龙　李文军　李金金
李　斌　杨燕南　吴盛富　辛相宇　沈鸣生　宋　凯
张森林　陈水合　陈绍志　邵　岚　奉国强　周泽峰
姜喜麟　祝远虹　秦文涛　高力力　郭　萌　常丽丽
康勇军　揭昌亮　蒋　卫　蒋业恒　喻立春　温　刚
缪光平　鞠洪波

编 辑 部

主　任：陈圣林
副主任：奉国强　杨燕南　邵　岚　辛相宇
编　务：（按姓氏笔画排序）
于　彦　王　敏　刘　宏　刘　栋　刘兆美　李广龙
李东妍　李　近　何　珍　张　晶　赵领山　徐京梅
崔　玮　鄢　萍

代序

“绿水青山就是金山银山”，是习近平生态文明思想的核心内容。深刻理解其思想内涵，对于自觉保护好生态环境、实施好乡村振兴战略和绿色发展战略，乃至实现中华民族永续发展具有重大战略意义。

“绿水青山就是金山银山”，是在深刻总结破坏生态的恶果和教训基础上作出的科学论断。习近平总书记曾在陕北生活了七年，那时候的陕北已经看不到什么绿色了，土是黄的，水是浑的，地是旱的，广种薄收，地瘦人穷，忙活一年也打不了多少粮。生态这样脆弱的地方，假若能有“绿水青山”，难道不比“金山银山”更珍贵吗？也许有人会说，黄土高原脆弱的生态是历史形成的，到了南方自然就有“绿水青山”了。事实上，在我国南方不注重保护生态环境，同样会带来极其严重的恶果。福建省长汀县，位于武夷山南麓，历史上山清水秀，被誉为客家首府，自盛唐到清末，一直是闽西经济、政治、文化中心，路易·艾黎称之为“中国最美的山城之一”。但由于不合理的开垦，造成生态严重破坏，到20世纪80年代初，这里水土流失面积高达146万亩(1亩≈667平方米)，被称为南方的“黄土高原”，“山光、水浊、田瘦、人穷”，“晴三天，闹旱灾；雨三天，闹水灾”，影响了几代人的生存生产生活。长汀的现实证明，“绿水青山”比“金山银山”更为重要，更为珍贵。

“绿水青山就是金山银山”，是对我国集体林权制度改革、兴林富民成功经验的深刻总结。早在2001年，习近平总书记在担任福建省省长时深入武平县进行集体林权制度改革调研，当时就做出了“集体林权制度改革要像家庭联产承包责任制那样，从山下转向山上”的历史性决定。2005年8月5日，习近平总书记在担任浙江省省委书记时，到安吉县调研，当他看到安吉县通过集体林权制度改革、大力发展林业产业，实现了脱贫致富时，当即作出了“绿水青山就是金山银山”的科学判断。当时安吉县的林业产值为50.4亿元，其中森林旅游产值5.9亿元，农民人均收入7034元，而当年全国农民人均可支配收入只有2476元。到2017年，安吉县林业产值达到237.9亿元，为2005年的4.7倍，其中森林旅游产值94.6亿元，为2005年的16倍，农民人均收入27904元，比全国农民人均可支配收入1.3万元高出1.49万元。目前，全国集体林权制度改革及林业产业发展已给亿万农民带来了巨大实惠。

“绿水青山就是金山银山”，在我国西南贫困地区也得到了印证。贵州省年年坚持植树造林、保护森林、发展林业产业，全省有406.87万建档立卡贫困人口直接受益，一个个贫困农村实现了脱贫致富。黔南州已发展刺梨46万亩，投产15万亩，种植刺梨受益农户8.13万户32.06万人，其中建档立卡贫困农户1.31万户4.54万人。这个州的龙里县因种植刺梨3654户贫困户12786位贫困人口受益，其中茶香村通过发展刺梨，全村农民人均收入由十年前的400元增加到现在的1.2万元。

“绿水青山就是金山银山”，在我国广大西北地区也在逐步变为现实。陕西省通过退耕还林，全省森林覆盖率由退耕还林前的30.92%增长到41.42%，净增10.5个百分点，成为历史上森林面积增幅最大、增长最快的时期。特别是我国水土流失最严重的黄土高原，通过建立优质苹果基地，使数百万农民实现了脱贫致富。目前，陕西省苹果种植面积已达到1100万亩，产量1100万吨，占到全国产量的1/4和世界产量的1/7，陕西林果业发展的成效是我国“三北”建设的一个缩影。现在的“三北”地区不仅森林覆盖率提高了7.97个百分点、森林蓄积量增加了13.78亿立方米，明显改善了生态环境，还营造各种经济林1亿亩，年产干鲜果品4800万吨，使1500万农牧民依靠特色林果实现稳定脱贫致富。

“绿水青山就是金山银山”，还是对世界绿色发展成功经验的深邃洞察。芬兰对森林的利用有几百年的历史，是一个主要依靠森林积累资本并致富的国家。最近90年来，芬兰林产品出口占全国出口总值的50%~60%，有的年份高达90%，经过90年的大规模利用，芬兰的森林蓄积量不仅没有减少，而且从1920年的14.5亿立方米增加到2010年的22.84亿立方米，增长63%。瑞典是世界上唯一一个实现了经济持续增长而温室气体排放量减少的国家。从2009年起，瑞典的木质能源消费量占能源总消费量的比重高达31.7%，跃居首位，而石油消耗下降到30.8%，成为全球绿色发展的典范。德国只有1.65亿亩森林，创造了2.4万亿人民币的产值，略低于汽车工业，超过了钢铁制造业和矿产业之和，就业则是汽车工业的近2倍。

“绿水青山就是金山银山”，更是对我国绿色发展的战略谋划。习近平总书记深刻指出，“绿水青山可以源源不断地带来金山银山，绿水青山本身就是金山银山，我们种的常青树就是摇钱树，生态优势变成经济优势，形成了一种浑然一体、和谐统一的关系，这一阶段是一种更高境界”。我国的生态优势转化成经济优势有五大潜力，一是林地、草地、湿地利用的潜力。我国有46.9亿亩林地、60亿亩草地、8亿亩湿地，为耕地的5倍，可以产生难以估量的生态效益、经济效益和社会效益。二是物种资源的潜力。我国有8.7万个物种，“一个物种可以决定一个国家的经济命脉，一个基因可以影响一个民族的兴衰”。三是生物质材料、生物质能源、生物制药的潜力。随着我国竹缠绕复合材料技术、生物质气化多联产技术、石墨烯生产技术、乙酰丙酸生产技术及生物提取物技术的突破，丰富而宝贵的森林资源已经成为发展这些战略性新兴产业的重要基础。四是生物炭基肥、生物农药的潜力。传统的化肥和化学农药带来了严重的面源污染和水污染，大规模生产和利用生物炭基肥和生物农药将为改变我国土地退化的严峻状况提供有效途径。五是旅游康养的潜力。全球旅游业实现了70年的高速增长，我国旅游业也实现了40年的高速增长，在旅游业的高速增长中，森林旅游业是发展最快的，未来的发展也是潜力巨大的。

“绿水青山就是金山银山”最重要、最根本的意义在于为实现中华民族永续发展找到了实现途径。新华社发表的《为了中华民族永续发展——习近平总书记关心生态文明建设纪实》一文记下了习近平总书记的千年之问——中华民族已延续了5000多年，能不能再延续5000年直至实现永续发展？联合国早在2000年就向全人类发出了警告——全球森林减少了50%，难以支撑人类文明大厦。习近平总书记深刻指出“森林是陆地生态的主体，是国家、民族最大的生存资本，是人类生存的根基，关系生存安全、淡水安全、国土安全、物种安全、气候安全和国家外交大局。必须从中华民族历史发展的高度来看待这个问题，为子孙后代留下美丽家园，让历史的春秋之笔为当代中国人留下正能量的记录。”

“生态兴则文明兴，生态衰则文明衰”。建设生态文明已经纳入中国特色社会主义建设五位一体总体布局。生态文明体制改革正在逐步理顺确保中华民族永续发展的体制机制。以国家公园为主体的自然保护地体系的建立，将为中华民族永久保存十分宝贵的自然遗产。天然林保护工程的全面实施，已经使一些多年干枯的水源流出了清澈的溪水。8亿亩湿地的全面保护，将使占我国96%的淡水资源逐步实现细水长流。60亿亩草地纳入生态保护范围，将对防治土地荒漠化发挥重大作用。退耕还林工程的继续推进，正在使恶水秃山变成绿水青山。自2010年以来，作为规模最大的绿色经济体的林业产业，已经实现了连续七年平均增速达到17.7%的高速增长。2017年，全国林业产业总产值首次突破7万亿元，达到7.13万亿元，为2010年的3.13倍。“绿水青山就是金山银山”的理念正在变成现实，生态美、百姓富的愿景已经落地生根。

贾治邦

2018年6月

目录

第三部分　附录

后记

第一部分

总 论

从中国林业的变化看林业的多种功能

一、中国林业发展已经发生了十大变化

第一大变化：从计划经济到市场经济。这是中国林业最深刻最根本性的变化。过去很长一个时期，中国林业完全实行计划经济体制，从林区开发规划、投资、建设，到木材生产、木材价格、木材分配，再到种什么、不种什么、种多少、怎么种，甚至到林区修建厕所全部按国家计划进行，这对绿化祖国、提供国家的原始积累，根据国家的财力有计划地推进林业建设，发挥了重要作用，同时也对林业生产力的发展产生了很大制约，林业发展没有活力。随着改革开放的推进，我国逐步放开了木材价格和林产品价格，取消了林业生产的指令性计划，到现在没有一种林产品为国家定价，让市场在资源配置中发挥决定性作用，极大地激活了林业发展的活力，释放了林业发展的潜力。

第二大变化：从面向国内市场到面向国际市场。从2010年12月11日，我国加入世界贸易组织起，中国林业进入了向世界全方位开放的新阶段。从此，我国对原木和锯材进口实行了零关税、对其他林产品实行了低关税政策，极大地促进了林产品进出口。中国林产品进出口额由2010年的181.33亿美元，增加到2017年的1500.5亿美元，16年增长8.3倍，其中出口额由80.08亿美元增加到746.5亿美元，增长9.32倍，进口额由101.25亿美元增加到754.0亿美元，增长7.45倍。

第三大变化：集体林地由集体经营到承包经营。我国集体林地占全国林地的60%，过去由集体经营，与农民利益没有形成紧密关系。2002年，福建省武平县在全国第一个推行了集体林权制度改革，将林地承包到户，受到时任福建省省长习近平的肯定，2005年在福建省推开，2008年在全国全面推开。全国确权集体林地面积27.05亿亩，占98.97%，发放林权证1.01亿本，发证面积26.41亿亩，占97.65%。这项改革赋予了农民财产权，农民具有了林木资产的法人地位，为农民订立契约、成为股东创造了条件，改变了亿万农民自身无法创造资本的历史，受到亿万农民的真心拥护和国际社会的高度评价。

第四大变化：从以木材生产为主到以生态建设为主。过去，林业部门也年年组织植树造林，但从机构设置、投资计划到主要任务、考核指标主要放在了木材生产上。2003年6月25日，中共中央、国务院作出《关于加快林业发展的决定》，确立了以生态建设为主的林业发展战略。从此，我国林业的政策、投资完全转向了支持生态建设和

保护，林业二、三产业基本上没有财政投资，主要靠贴息贷款和社会融资。党的十八大后更是把生态建设和保护提上了新的战略高度。

第五大变化：从毁林开荒到退耕还林。人类的农耕史就是一部毁林开荒的历史，中国为了解决十几亿人口的吃饭问题，实行了以粮为纲的政策。全国多数地方采取了以扩大种植规模换取粮食增产的策略，不少地方陷入了越垦越穷、越穷越垦的恶性循环。1998 年，长江、松花江、嫩江流域发生特大洪水后，党中央、国务院果断作出了实施退耕还林工程的战略决策，并逐步实行了退耕还草、退耕还湿、退田还湖、退养还滩政策。党的十八大后又实施了新一轮退耕还林。目前，退耕还林工程已成为世界上投入最大的生态建设工程，从 1999 年到 2017 年，退耕还林还草计划任务总投资将达 5000 多亿元，已完成投资 4706. 7 亿元，共实施退耕还林还草 3266. 67 万公顷，其中退耕地还林 1186. 67 万公顷，荒山荒地造林 1753. 33 万公顷，封山育林 306. 67 万公顷，退耕还草 32. 67 万公顷。

第六大变化：从破坏天然林到保护天然林。过去，我国采伐的森林主要是天然林，在南方则把天然林看成杂木林，作为低产林改造的对象。1998 年的特大洪水，同样反映出我国天然林破坏带来的问题，受到党中央、国务院的特别重视，并作出了实施天然林保护工程的重大决策。党的十八大后，党中央、国务院又作出了把所有天然林都保护起来的战略决策，从 1998 年开始到现在，国家已投资 2872. 16 亿元用于天然林保护，使我国天然林得到休养生息。

第七大变化：从沙进人退到人进沙退。土地荒漠化是迄今为止人类面临的最严重的生态灾难。历史上在我国“三北”地区就有 1333 万公顷耕地不同程度沙化，66. 67 万公顷耕地、233 多万公顷草地、600 万公顷林地变成流动沙丘，全国有 3000 多万公里铁路、4 万多公里公路和 7 万多公里灌渠受到不同程度危害。路易 · 艾黎大声疾呼：“这是中国的特大问题”。针对这一严峻状况，在邓小平同志的关怀下，1978 年中国启动实施了世界上最大的、历时 70 年的生态建设工程——“三北”防护林建设工程，后来又实施了“京津风沙源治理工程”。目前，“三北”工程累计造林 2922. 00 万公顷，森林覆盖率由 1997 年的 5. 05% 提高到 13. 02%，森林蓄积量由 1997 年的 7. 2 亿立方米增加到 20. 98 亿立方米，全国沙化土地由 20 世纪末平均每年扩展 3436 平方公里转变为目前年均缩减 1980 平方公里，结束了沙化土地不断扩展的历史。

第八大变化：从森林资源持续减少到持续增加。千百年来，中国的森林资源一直呈下降趋势，到中华人民共和国成立前，全国森林覆盖率只有 8. 6%。经过 69 年持续不断地植树造林，全国人工林面积达到 6933. 3 万公顷，居世界首位，成为全球森林面积增长最多的国家。据联合国粮农组织《2015 年全球森林资源评估报告》，1990 年到 2015 年，全球森林减少了 1290 万公顷，中国森林面积增加了 7466. 67 万公顷。

第九大变化：从山区林业到平原林业。山区种树，平原种粮，是历史上农林发展的基本格局和趋势。平原林业的兴起，完全打破了这一历史格局，过去平原地区的森林覆盖率只有 1%，现在已上升到 15. 8%。过去，我国的木材生产基地主要在东北内蒙古国有林区和南方山区，现在平原地区已成为我国最大的木材生产加工基地。

第十大变化：从传统林业到现代林业。随着我国改革开放的深入发展和林业产业转型升级的推进，我国学习、引进、消化、吸收了世界先进国家的理念、技术、设备、政策和经验，极大地加快了我国林业工业化、产业化、市场化、现代化进程。全国林业产值2017年达到7.13万亿元，我国已从世界林业产业最落后的国家之一，变成了世界林业产业最发达的国家之一。

二、推动中国林业发展最重要的十大观念

第一大观念："生态兴则文明兴，生态衰则文明衰"。森林是陆地生态系统的主体，是人类文明的摇篮，是人类生存的基础。没有林业的可持续发展，就没有人类经济社会的可持续发展。无数的事实证明，破坏森林，加剧了水灾、旱灾、沙灾，造成了文明的转移和衰亡。失去森林，就会失去人类生存的根基，失去未来，失去一切。

第二大观念："绿水青山就是金山银山"。2005年，习近平总书记在浙江省安吉县作出"绿水青山就是金山银山"的科学论断时，安吉县的林业产值为50.4亿元，其中森林旅游产值为5.9亿元。12年后的2017年安吉县的林业产值提高到237.9亿元，为2005年的4.7倍，其中森林旅游产值达到94.6亿元，为2005年的16倍。全国森林旅游产值由2003年的110.7亿元增加到2017年的10676.02亿元，14年增长96倍，"绿水青山就是金山银山"的理念变成了现实，深入人心。

第三大观念：森林和湿地是最重要的基础设施。森林是地球之肺，湿地是地球之肾。森林和湿地不仅是美丽的象征，而且是最重要的基础设施，是最公平的公共产品。这是因为保护森林和湿地、发展林业具有很强的公益性，各级政府对林业的投资大幅度增加。20世纪80年代初，全国林业投资只有几亿元，2017年全国林业投资达到4800亿元，北京、广州等城市投入大量资金，扩大森林、保护湿地，全国森林城市已达138个。

第四大观念：造林就是造福。修路、架桥、植树被誉为中国古代的三大善事。在现代中国的政界流传着一句话，一位从政者到一个地方担任主官，抓林业永远不会有错。山西省右玉县过去森林覆盖率只有0.3%，沙化土地面积达76.4%。68年来20多任县委书记、县长，一任接着一任干，把全县森林覆盖率提高到53%，90%的沙化土地得到有效治理，年均降水量高出周边地区30多毫米，被评为联合国"最佳宜居生态县"，老百姓为历任县委书记、县长立了碑。

第五大观念：市场是林业发展的根本动力。我国林业产业的快速发展是市场拉动的结果。1994年我国林业产业产值只有1337.5亿元，2017年达到了7.13万亿元，23年增加52倍，市场发挥了决定性作用。

第六大观念：发展林业产业有利于生态建设和保护。山东省菏泽市过去几乎无林可言，农田防护林的发展，促进了粮食丰收，木材加工利用又促进了经济发展，林业产业的巨大经济效益反过来又促进了生态建设和保护。目前菏泽林业产业总产值达到1300亿元，林木覆盖率达到33.9%。

第七大观念：林产品的最大优势是生态优势。森林、湿地和林产品都被全球气候

变化大会列为应对全球气候变化的重要途径。林区是提供生态、健康、绿色产品的源泉，生态优势是林区最大的优势，市场潜力是林业产业发展的最大潜力。为了把林区的生态优势进一步转化成经济优势，国家林业和草原局委托中国林业产业联合会，正在组织实施“国家森林生态标志产品建设工程”，这项工程有九项核心内容：一是生产“四无”产品：无农药残留、无重金属污染、无抗生素、无激素；二是全程可追溯；三是产品可量产；四是认定不收费；五是贷款可预付；六是统一品牌，统一销售渠道；七是产品优质优价；八是企业可融资；九是不合格产品可赔付。这一工程的实施必将把林区众多的小品种做成大产业，促进林业产业转型升级。

第八大观念：林业是投入产出最高、综合效益最大的产业。从1994年到2017年我国累计投入林业的资金为3.48亿元，已经产生了近90万亿元的经济价值和生态价值。一是林业为全社会提供了近160亿立方米用材资源，价值10万亿元以上；二是现有林木蓄积量160亿立方米，资产价值13.65万亿元；三是现有森林的生态价值12.68万亿元；四是历年林业产值48.78万亿元。

第九大观念：没有现代技术、现代金融、现代市场就没有林业现代化。林业与现代技术紧密结合是林业现代化的重要基础，林业与现代金融的紧密结合，是林业现代化的重要支撑；林业与现代市场紧密结合，是林业现代化重要途径。现代技术、现代金融、现代市场是打造现代林业支柱产业的必要条件。这一观念不仅推动了林业现代化进程，而且正在推进林业产业转型升级。

第十大观念：绿化祖国，人人有责。中华人民共和国成立后绿化祖国的热潮持续了69年，没有一年间断。特别是1981年以来，全民义务植树运动持续了37年。从1981年到2012年，全国有139亿人次，义务植树640亿株。从2012年到2017年，全国又有32.5亿人次履行义务植树。

三、中国林业发展正在发挥林业的十大功能

第一大功能：维护生存安全的功能。过去，庄稼不能种，种了庄稼没有收获，特大沙尘暴造成人员死亡、失踪、受伤，土地沙化逼迫村庄搬迁甚至县城搬迁等等威胁生存安全的事例都有发生。兰考县委书记焦裕禄就是在风沙危及人民生存条件的境况下组织种植泡桐的。新疆的绿洲极大地改善了当地人民的生存条件，三北防护林正在为维护三北人民的生存安全，发挥越来越明显的作用。

第二大功能：维护淡水安全的功能。据我国第八次全国森林资源调查（2009—2013年），我国森林生态系统每年涵养水源量达5807.09亿立方米，相当于近15个三峡水库的设计库容。

第三大功能：维护物种安全的功能。森林是物种之家，随着我国天然林保护工程的实施，森林面积的扩大和大量自然保护地的建立，有效保护了85%的野生动物种群和65%的野生植物群落，60%以上的珍稀濒危野生动植物野外种群数量稳中有升。据全国野生动植物的调查结果，三北地区稳中有升的陆生野生动物占55.7%，其中野马、藏羚羊等种群快速增加，189种国家重点保护野生植物有71种达到了野外种群稳定

标准。

第四大功能：维护气候安全的功能。我国活立木蓄积量，已从第一次全国森林资源清查(1973—1976年)时的95.32亿立方米，增加到第八次清查(2009—2013年)的164.33亿立方米，增加69亿立方米，固定了大量二氧化碳，为维护全球气候安全作出了重大贡献。森林的增加还有效改善了小气候，陕西省吴起县森林植被由1997年的19.2%提高到2007年的62.99%，年降水量也由478.3毫米增加到582毫米，增加103.7毫米。内蒙古敖汉旗1997年到1999年完成造林500万亩，年降水量由373毫米增加到487.7毫米，增加114.7毫米。河北省塞罕坝林场，1960到2010年，造林110万亩，年降水量从417毫米增加到558毫米，增加141毫米。

第五大功能：维护土壤安全的功能。森林大量的枯枝落叶改善了林地土壤，特别是利用森林生物质生产的炭基肥和木醋液，是目前治理土地面源污染最有效的途径。随着我国炭基肥和木醋液的大规模生产和使用，将使我国已退化土地实现逆转成为可能。

第六大功能：维护能源安全的功能。2009年瑞典森林生物质能源占到能源总消耗量的31.7%，首次超过了石油消耗。芬兰森林生物质能源也占到可再生能源的80%，占到能源总消耗量的20%，为维护能源安全作出了重大贡献。我国森林生物质能源虽然刚刚起步，但已展示了美好的前景。据张齐生院士和周建斌教授测算，如果将我国的农林生物质用于发电，可产电9000亿千瓦时，与现有水力发电量相当。可以预见，森林生物质能源维护能源安全的作用将会逐步呈现。

第七大功能：促进经济发展的功能。2017年，我国已有广东、山东、广西、福建、浙江、江苏、湖南、江西八个省份林业产值超过4000亿元，其中广东省林业产值超过8000亿元，林业对绿色发展的贡献将越来越大。

第八大功能：促进社会就业和脱贫致富的功能。我国集体林权制度改革让1亿农户、近5亿农民获得了森林资源资产，增加了农民的财产性收入。林业产业发展吸纳就业人员达5000多万人，特别是林业产业成为支柱产业的地方，林业产业成为了社会就业和脱贫致富的主渠道。江西省赣州市南康区实木家具产业产值达到1300亿元，有40万从业人员从事与实木家具产业相关联的工作；云南省凤庆县47万人口中有42万人从事核桃产业链的相关工作；山东省菏泽市林业产业产值突破了1300亿元，有100万人从事林业产业；过去十分贫穷落后的陕西省黄土高原，通过发展优质苹果，使苹果产业成为陕西农村的支柱产业。目前陕西已种植苹果1100万亩，产量1100万吨，苹果产量占中国的1/4、世界的1/7，使几百万农户走上了致富之路。

第九大功能：促进人的身心健康的功能。森林促进人的健康主要表现在以下几个方面：一是提供健康的生活环境。二是提供旅游运动康养的良好场所。三是提供健康的森林食品。四是提供治疗疾病的药品，在中国尤其是提供了优质的中药材。五是提供丰富多彩的保健品，杜仲、元宝枫、沙地桑等生产的保健品，对“三高”人群、老年人已经显示出十分优良的保健作用。六是提供健康的饲料，杜仲叶、元宝枫叶、沙地桑叶、构树叶用于饲料，可完全替代抗生素的功能，维护食品安全的作用日益凸显。

第十大功能：弘扬生态文化的功能。伴随着我国林业的发展，森林文化、竹文化、花文化、野生动物文化、森林医药文化、森林养生文化、木雕文化、根艺文化、林业工艺品收藏文化得到了传承和弘扬，很多林产品开始注入文化的元素，展现出古老神奇的魅力和新的生命力。

健康的地球是人类生存的基础，健康的森林是地球健康的保障，也是环境健康、经济健康、社会健康和人的身心健康的重要条件。扩大森林资源，发展林业产业，将是人类绿色发展的主题、健康发展的主题、永续发展的主题。

2017年林业产业发展趋势

2017年是国家实施"十三五"规划的第二年，是全面建成小康社会决胜阶段的关键之年。这一年，胜利召开了党的第十九次全国代表大会。这一年，全国林业产业战线在各级党、政及林业主管部门的领导下，认真学习贯彻党的十九大精神和习近平新时代中国特色社会主义思想，按照党中央、国务院的决策部署，牢固树立并积极践行"绿水青山就是金山银山"的理念，在抓生态建设的同时，林业产业也加快了发展的步伐，并取得了较好的成绩。现根据有关统计，对2017年全国林业产业发展状况分析如下。

一、林业产业规模继续扩大，产业结构调整步伐明显加快

据统计，2017年全国林业产业总产值(按现价计算，下同)为71267.07亿元，比上一年的64886.04亿元增加6381.03亿元，增长9.83%；比2015年("十二五"期末)的59362.71亿元增加11904.36亿元，增长20.05%；比2010年("十一五"期末)的22779.02亿元增加48488.05亿元，增长2.13倍(增长212.86%)，七年中平均每年增长17.7%。数字表明，全国林业产业发展是比较快的。

从产业结构来看，2017年全国林业第一、二、三产业产值分别为23365.46亿元、33952.74亿元和13948.87亿元，比上一年的21619.44亿元、32080.66亿元和11185.94亿元，分别增长8.08%、5.84%和12.7%(第三产业增幅最大)；比2015年的20207.32亿元、29893.34亿元和9262.05亿元，分别增长15.63%、13.58%和50.6%(第三产业增幅最大)；比2010年的8895.21亿元、11876.95亿元和2006.86亿元，分别增长1.63倍、1.86倍和5.95倍(第三产业增幅最大)。七年中，全国林业第一、二、三产业产值平均每年增长14.8%，16.2%和31.9%(第三产业增幅最大)。

林业第一、二、三产业产值占全部林业产业总产值的比重在不断地调整优化中，这一点从各年度一、二、三产业产值所占的比重数字中可以明显地看出来。具体来说，林业一、二、三产业产值所占的比重从"十一五"期末2010年的39.05%、52.14%和8.81%调整到"十二五"期末2015年的34.04%、50.36%和15.6%；这两年又进一步调整优化，即林业一、二、三产业产值所占比重从2016年的33.32%、49.44%和17.24%调整到2017年的32.79%、47.64%和19.57%。从上述数字中，我们可以看出，这七年中林业一、二产业产值所占比重，分别减少6.26和4.50个百分点，而林业三产产值所占比重则增加10.76个百分点，林业产业结构调整优化取得阶段性成果(表1)。

表1　2010年与2015—2017年全国林业产业总产值及各产业产值比重

年度	项目	全国林业产业	第一产业	第二产业	第三产业
2017	产值(亿元)	71267.07	23365.46	33952.74	13948.87
	比重(%)	100.00	32.79	47.64	19.57
2016	产值(亿元)	64886.04	21619.44	32080.66	11185.94
	比重(%)	100.00	33.32	49.44	17.24
2015	产值(亿元)	59362.71	20207.32	29893.34	9262.05
	比重(%)	100.00	34.04	50.36	15.60
2010	产值(亿元)	22779.02	8895.21	11876.95	2006.86
	比重(%)	100.00	39.05	52.14	8.81

注：①总产值按现价计算；②2017年第一产业产值比2016年增长8.08%，比2015年增长15.63%，比2010年增长1.63倍(增长162.68%)，七年中平均每年增长14.8%；③2017年第二产业产值比2016年增长5.84%，比2015年增长13.58%，比2010年增长1.86倍(增长185.87%)，七年中平均每年增长16.2%；④2017年第三产业产值比2016年增长12.7%，比2015年增长50.6%，比2010年增长5.95倍(增长595.06%)，七年中平均每年增长31.9%。

二、多数产品产量有不同程度的增长

1. 木材、锯材和大径竹材产量

据统计，2017年全国木材产量为8398.17万立方米，比上一年的7775.87万立方米增加622.30万立方米，增长8%；比2015年的7218.21万立方米增加1179.96万立方米，增长16.35%，两年中平均每年增长7.9%。在全国木材产量中，广西壮族自治区的木材产量为3059.21万立方米，占全国木材产量的1/3强，达36.43%。

在全国木材产量中，原木产量为7670.40万立方米(占木材产量的91.33%)，比2016年的7125.45万立方米，增加544.95万立方米，增长7.65%；比2015年的6546.35万立方米增加1124.05万立方米，增长17.17%，两年中平均每年增长7.1%。

据统计，2017年全国锯材产量为8602.37万立方米，比上一年的7716.14万立方米增加886.23万立方米，增长11.49%；比2015年的7430.38万立方米增加1171.99万立方米，增长15.77%，两年中平均每年增长7.6%。在全国锯材产量中，广西壮族自治区的锯材产量为1697.33万立方米，占全国锯材产量的19.73%；内蒙古自治区的锯材产量为1300.93万立方米，占全国锯材产量的15.12%；山东省的锯材产量为1193.82万立方米，占全国锯材产量的13.88%，分别位居各省(自治区、直辖市)的第一、二、三名。

在全国锯材产量中，普通锯材产量为8405.54万立方米，占全国锯材产量的97.71%，比上一年的7384.66万立方米增加1020.88万立方米，增长13.82%；比2015年的7253.76万立方米增加1151.78万立方米，增长15.88%，两年中平均每年增长7.6%。

据统计，2017年全国大径竹材(指直径在5厘米以上，以根为计量单位的竹材)产量为 272012.90 万根，比上一年的 250630 万根增加 21382.90 万根，增长 8.53%；比 2015 年的 235466.04 万根增加 36546.86 万根，增长 15.52%，两年中平均每年增长 7.5%。

在全国大径竹材产量中，毛竹产量为 160948.08 万根，占全国大径竹材产量的 59.17%，比上一年的 145769.22 万根增加 15178.86 万根，增长 10.41%；比 2015 年的 136748.93 万根增加 24199.15 万根，增长 17.70%，两年中平均每年增长 8.5%(表 2)。

表 2 2017 年全国木材、锯材与竹材产量增长情况

名称	2017 年产量	2016 年		2015 年	
		产量	增长(%)	产量	增长(%)
木材(万立方米)	8398.17	7775.87	8.00	7218.21	16.35
原木(万立方米)	7670.40	7125.45	7.65	6546.35	17.17
锯材(万立方米)	8602.37	7716.14	11.49	7430.38	15.77
普通锯材(万立方米)	8405.54	7384.66	13.82	7253.76	15.88
大径竹材(万根)	272012.90	250630.00	8.53	235466.04	15.52
毛竹(万根)	160948.08	145769.22	10.41	136748.93	17.70

2. 人造板及其中“三板”产量

据统计，2017 年全国人造板产量为 29485.87 万立方米，比上一年的 30042.22 万立方米略有减少(下降 1.85%)；比 2015 年的 28679.52 万立方米增加 806.35 万立方米，增长 2.81%，两年中平均每年增长 1.4%。

在全国人造板产量中，包括胶合板、纤维板和刨花板在内的“三板”产量为 26269.98 万立方米，比上一年的 27056.93 万立方米略有减少(下降 2.91%)；比 2015 年的 25194.97 万立方米增加 1075.01 万立方米，增长 4.27%，两年中平均每年增长 2.1%。

具体分板种来说，2017 年胶合板、纤维板和刨花板产量分别为 17195.21 万立方米、6297 万立方米和 2777.77 万立方米，与上一年的 17755.61 万立方米、6651.22 万立方米和 2650.10 万立方米相比，除刨花板产量有所增长(增长 4.82%)外，胶合板和纤维板产量均有所下降(分别下降 3.16% 和 5.33%)；与 2015 年的 16546.25 万立方米、6618.53 万立方米和 2030.19 万立方米相比，除纤维板产量有所下降(下降 4.86%)外，胶合板和刨花板产量均有所增长，即分别增长 3.92% 和 36.82%(表 3)。

表3　2017 年全国人造板及其中“三板”产量增长情况　　万立方米

名称	2017 年产量	2016 年		2015 年	
		产量	增长(%)	产量	增长(%)
人造板	29485. 87	30042. 22	-1. 85	28679. 52	2. 81
其中“三板”	26269. 98	27056. 93	-2. 91	25194. 97	4. 27
胶合板	17195. 21	17755. 61	-3. 16	16546. 25	3. 92
纤维板	6297. 00	6651. 22	-5. 33	6618. 53	-4. 86
刨花板	2777. 77	2650. 10	4. 82	2030. 19	36. 82

3. 木竹地板及其中实木地板产量

据统计，2017 年全国木竹地板产量为 82568. 31 万平方米，比上一年的 83798. 66 万平方米略有减少，下降 1. 47%；比 2015 年的 77355. 85 万平方米增加 5212. 46 万平方米，增长 6. 74%，两年中平均每年增长 3. 3%。在木竹地板产量中，实木地板产量为 12934. 03 万平方米，比上一年的 14808. 23 万平方米减少 1874. 20 万平方米(下降 12. 66%)；比 2015 年的 12979. 36 万平方米下降 0. 33%(表 4)。

表4　2017 年全国木竹地板及其中实木地板产量增长情况　　万平方米

名称	2017 年产量	2016 年		2015 年	
		产量	增长(%)	产量	增长(%)
木竹地板	82568. 31	83798. 66	-1. 47	77355. 85	6. 47
实木地板	12934. 03	14808. 23	-12. 66	12979. 36	-0. 33

注：木竹地板按规定包括实木地板、实木复合木地板、浸渍纸层压木质地板(强化木地板)、竹地板(含竹木复合地板)和其他木地板(含软木地板、集成材地板等)。

4. 松香类产品产量

据统计，2017 年全国松香类产品产量为 1664982 吨，比上一年的 1838691 吨减少 173709 吨，下降 9. 45%；比 2015 年的 1742521 吨减少 77539 吨，下降 4. 45%。在全国松香类产品产量中，松香产量为 1402860 吨，比上一年的 1490777 吨减少 87917 吨，下降 5. 90%；比 2015 年的 1531163 吨，减少 128303 吨，下降 8. 38%(表 5)。

表5　2017 年全国松香类产品产量增长情况　　吨

名称	2017 年产量	2016 年		2015 年	
		产量	增长(%)	产量	增长(%)
松香类产品	1664982	1838691	-9. 45	1742521	-4. 45
松香	1402860	1490777	-5. 90	1531163	-8. 38

5. 主要经济林产品产量

主要经济林产品产量，按照现行统计规定范围，包括水果、干果、林产饮料产品、林产调料产品、森林食品、森林药材、木本油料和林产工业原料 8 个部分的产量。

据统计，2017 年全国主要经济林产品产量为 18781. 16 万吨，比上一年的 18024. 01

万吨增加 757.15 万吨，增长 4.20%；比 2015 年的 17356.27 万吨增加 1424.89 万吨，增长 8.21%，两年中平均每年增长 4%。

在全国主要经济林产品产量中，水果产量为 15737.86 万吨、干果产量为 1116.04 万吨，与上一年的 15208.73 万吨和 1091.69 万吨相比，分别增加 529.13 万吨和 24.35 万吨，增长 3.48% 和 2.23%；与 2015 年的 14612.43 万吨和 1043.52 万吨相比，分别增加 1125.43 万吨和 72.52 万吨，增长 7.7% 和 6.95%，两年中平均每年分别增长 3.8% 和 3.4%。

在主要经济林产品产量中，林产饮料产品产量(干重)为 253.94 万吨、森林食品产量为 384.09 万吨和木本油料产量为 697.40 万吨，与上一年的 228.21 万吨、354.24 万吨，和 599.85 万吨相比，分别增加 25.73 万吨、29.85 万吨和 97.55 万吨，增长 11.27%、8.43% 和，16.26%(增幅最大)；与 2015 年的 216.14 万吨、423.59 万吨和 560.03 万吨相比，林产饮料和木本油料产品产量分别增加 37.80 万吨和 137.37 万吨，增长 17.49 和 24.53%(增幅最大)，而森林食品产量则减少 39.50 万吨，下降 9.32%。两年中，林产饮料产品产量平均每年增长 8.4%，木本油料产量平均每年增长 11.6%，增幅最大(表 6)。

表 6 2017 年全国主要经济林产品产量增长情况 万吨

名称	2017 年产量	2016 年		2015 年	
		产量	增长(%)	产量	增长(%)
经济林产品	18781.16	18024.01	4.20	17356.27	8.21
水果	15737.86	15208.73	3.48	14612.43	7.70
干果	1116.04	1091.69	2.23	1043.52	6.95
林产饮料	253.94	228.21	11.27	216.14	17.49
森林食品	384.09	354.24	8.43	423.59	-9.32
木本油料	697.40	599.85	16.26	560.03	24.53

三、森林公园数量增加，经营状况良好

据统计，2017 年末全国实有森林公园 3505 处，比上一年的 3392 处增加 113 处，增长 3.33%；比 2015 年的 3234 处增加 271 处，增长 8.38%，两年中平均每年增长 4.1%。

2017 年全国森林公园接待游客人数为 9.62 亿人次，比上一年的 9.17 亿人次增加 0.45 亿人次，增长 4.91%；比 2015 年的 7.95 亿人次增加 1.67 亿人次，增长 21.01%，两年中平均每年增长 10%。

2017 年全国森林公园收入总额为 1100.70 亿元，比上一年的 984.44 亿元，增加 116.26 亿元，增长 11.81%；与 2015 年的 870.97 亿元相比，增加 229.73 亿元，增长 26.38%，两年中平均每年增长 12.24%。

在全国森林公园收入总额中，包括门票、食宿、游乐等在内的直接旅游收入为 878.50 亿元，比上一年的 781.60 亿元增加 96.60 亿元，增长 12.40；与 2015 年的 705.60

亿元相比，增加172.90亿元，增长24.5%，两年中平均每年增长11.6%(表7)。

从森林公园年接待游客人数、收入总额及其中直接旅游收入来看，2017年与2015年相比，增幅均超过20%，这表明全国森林公园经营状况是良好的，经济效益是比较显著的，同时也说明森林公园在经营管理与服务水平上又有了新的提升。

表7　2017年全国森林公园数量、接待游客人数及旅游收入情况

指标名称	2017年统计数据	2016年		2015年	
		统计数据	增长(%)	统计数据	增长(%)
年末实有公园数量	3505	3392	3.33	3234	8.38
接待人数(亿人次)	9.62	9.17	4.91	7.95	21.01
年收入总额(亿元)	1100.70	984.44	11.81	870.97	26.38
直接旅游收入	878.50	781.60	12.40	705.60	24.50

注：森林公园直接旅游收入包括门票、食宿、游乐和其他旅游收入。

四、林业产业总产值超千亿元省份的产业发展状况喜人

据统计，2017年在全国32个省(自治区、直辖市)统计单位中，林业产业总产值超千亿元的省份有20个，比2015年的18个增加两个(即增加了贵州省和重庆市)。具体来说，林业产业总产值在6000亿元以上的省有两个，即广东省(产值为8022.39亿元，占全国林业产业总产值的11.26%，位居全国第一)和山东省(产值为6887.54亿元，占全国林业产业总产值的9.66%，位居全国第二)；林业产业总产值在5000亿元以上，6000亿元以下的省(自治区)也有两个，即广西壮族自治区(产值为5226.20亿元)和福建省(产值为5002.40亿元)；林业产业总产值在4000亿元以上，5000亿元以下的省有4个，即浙江省(产值为4533.88亿元)、江苏省(产值为4527.06亿元)、湖南省(产值为4255.49亿元)和江西省(产值为4170.95亿元)；林业产业总产值在3000亿元以上，4000亿元以下的省有3个，即安徽省(产值为3611.86亿元)、湖北省(产值为3453.54亿元)和四川省(产值为3402.27亿元)；林业产业总产值在2000亿元以上，3000元以下的省只有一个，即贵州省，产值为2334.61亿元；其余8个省(直辖市)的林业产业总产值均在1000亿元以上，2000亿元以下。这8个省(直辖市)是：河南省(产值为1966.54亿元)、云南省(产值为1955.54亿元)、河北省(产值为1577.02亿元)、吉林省(产值为1498.80亿元)、黑龙江省(产值为1466.70亿元)、陕西省(产值为1236.18亿元)、辽宁省(产值为1147.93亿元)和重庆市(产值为1055.19亿元)(表8)。

这20个省份的林业产业总产值为67332.09亿元，占全国林业产业总产值的90%以上，达94.48%。这20个省份的一、二、三产业产值分别为20830.77亿元、33036.68亿元和13464.64亿元，其比重分别为30.94%、49.06%和20%，与全国林业一、二、三产业产值比重32.79%、47.64%和19.57%相比，可以看出，20个省份的一产产值比重减少1.85个百分点，而二产产值比重和三产产值比重则分别增加1.42个百分点和0.43个百分点。数字表明，这20个省份的产值结构要优于全国林业产业结构的总体水平(表9)。

表 8 2017 年林业产业总产值(按现价计算)超千亿元省份的总产值

省份	总产值(亿元)	省份	总产值(亿元)
广东	8022.39	四川	3402.27
山东	6887.54	贵州	2334.61
广西	5226.20	河南	1966.54
福建	5002.40	云南	1955.54
浙江	4533.88	河北	1577.02
江苏	4527.06	吉林	1498.80
湖南	4255.49	黑龙江	1466.70
江西	4170.95	陕西	1236.18
安徽	3611.86	辽宁	1147.93
湖北	3453.54	重庆	1055.19

表 9 2017 年全国林业产业总产值超千亿元省份的各产业产值、比重与全国比较

产值及比重		全国	超千亿元省份
产值 (亿元)	总计	71267.07	67332.09
	一产	23365.46	20830.77
	二产	33952.74	33036.68
	三产	13948.87	13464.64
比重(%)	一产产值	32.79	30.94
	二产产值	47.64	49.06
	三产产值	19.57	20.00

接下来，再具体分析一下，这 20 个省份 2017 年一、二、三产业产值规模及其所占比重情况。

1. 林业一产产值及比重

林业一产产值在 2000 亿元以上的省只有一个，即山东省，一产产值为 2375.80 亿元；林业一产产值在 1000 亿元以上，2000 亿元以下的省份有 8 个，即广西壮族自治区(一产产值为 1809.09 亿元)、湖南省(一产产值为 1384.45 亿元)、四川省(一产产值为 1280.59 亿元)、云南省(一产产值为 1227.93 亿元)、江西省(一产产值为 1140.10 万元)、湖北省(一产产值为 1117.71 亿元)、江苏省(一产产值为 1077.03 亿元)和安徽省(一产产值为 1065.01 亿元)；林业一产产值在 500 亿元以上，1000 亿元以下的省有 9 个，即陕西省(一产产值为 963.48 亿元)、浙江省(一产产值为 952.28 亿元)、广东省(一产产值为 946.07 亿元)、河南省(一产产值为 929.96 亿元)、福建省(一产产值为 901.20 亿元)、河北省(一产产值为 815.40 亿元)、贵州省(一产产值为 733.49 亿元)、辽宁省(一产产值为 641.56 亿元)和黑龙江省(一产产值为 611.43 亿元)；林业一产产值在 500 亿元以下的省(直辖市)有两个，即重庆市(一产产值为 454.04 亿元)和吉林省(一产产值为 404.15 亿元)(表 10)。

表10　2017年全国林业产业总产值(按现价计算)超千亿元省份的一产产值

省份	一产产值(亿元)	省份	一产产值(亿元)
山东	2375.80	浙江	952.28
广西	1809.09	广东	946.07
湖南	1384.45	河南	929.96
四川	1280.59	福建	901.20
云南	1227.93	河北	815.40
江西	1140.10	贵州	733.49
湖北	1117.71	辽宁	641.56
江苏	1077.03	黑龙江	611.43
安徽	1065.01	重庆	454.04
陕西	963.48	吉林	404.15

林业一产产值比重在50%以上的省有4个，即陕西省(一产比重为77.94%)、云南省(一产比重为62.79%)、辽宁省(一产比重为55.89%)和河北省(一产比重为51.70%)；林业一产产值比重在40%以上，50%以下的省市有3个，即河南省(一产比重为47.29%)、重庆市(一产比重为43.02%)、黑龙江省(一产比重为41.69%)；林业一产产值比重在30%以上，40%以下的省份有6个，即四川省(一产比重为37.64%)、广西壮族自治区(一产比重为34.62%)、山东省(一产比重为34.49%)、湖南省(一产比重为32.53%)、湖北省(一产比重为32.36%)和贵州省(一产比重为31.42%)；林业一产产值比重在20%以上，30%以下的省有5个，即安徽省(一产比重为29.49%)、江西省(一产比重为27.33%)、吉林省(一产比重为26.97%)、江苏省(一产比重为23.79%)和浙江省(一产比重为21%)；其余两个省(即，福建省一产比重为18.01%、广东省一产比重为11.79%)一产产值比重均在20%以下(表11)。

表11　2017年全国林业产业总产值(按现价计算)超千亿元省份一产产值比重

省份	一产产值比重(%)	省份	一产产值比重(%)
陕西	77.94	湖南	32.53
云南	62.79	湖北	32.36
辽宁	55.89	贵州	31.42
河北	51.70	安徽	29.49
河南	47.29	江西	27.33
重庆	43.02	吉林	26.97
黑龙江	41.69	江苏	23.79
四川	37.64	浙江	21.00
广西	34.62	福建	18.01
山东	34.49	广东	11.79

2. 林业二产产值及比重

林业二产产值在4000亿元以上的省有一个，即广东省，二产产值为5243.13亿元，占全国林业二产产值的15.44%；林业二产产值在3000亿元以上，4000亿元以下的省有两个，即山东省(二产产值为3994.86亿元，占全国林业二产产值的11.77%)和福建省(二产产值为3816.66亿元，占全国林业二产产值的11.24%)；林业二产产值在2000亿元以上，3000亿元以下的省份有3个，即江苏省(二产产值为2847.87亿元)、广西壮族自治区(二产产值为2815.38亿元)和浙江省(二产产值为2560.93亿元)；林业二产产值在1000亿元以上，2000亿元以下的省有4个，即江西省(二产产值为1967.86亿元)、安徽省(二产产值为1665.22亿元)、湖南省(二产产值为1467.40亿元)和湖北省(二产产值为1246.28亿元)；林业二产产值在500亿元以上，1000亿元以下的省有6个，即四川省(二产产值为996.43亿元)、吉林省(二产产值为856.74亿元)、河南省(二产产值为762.23亿元)、河北省(二产产值为664.68亿元)、黑龙江省(二产产值为519.1亿元)和云南省(二产产值为515.69亿元)；其余4个省(直辖市)，即重庆市(二产产值为315.28亿元)、辽宁省(二产产值为308.93亿元)、贵州省(二产产值为305.94亿元)和陕西省(二产产值为136.06亿元)，林业二产产值均在500亿元以下(表12)。

表12 2017年林业产业总产值(按现价计算)超千亿元省份的二产产值

省份	二产产值(亿元)	省份	二产产值(亿元)
广东	5243.13	四川	996.43
山东	3994.86	吉林	856.74
福建	3816.66	河南	762.23
江苏	2847.87	河北	664.68
广西	2815.38	黑龙江	519.10
浙江	2560.93	云南	515.69
江西	1967.86	重庆	315.28
安徽	1665.22	辽宁	308.93
湖南	1467.40	贵州	305.94
湖北	1246.28	陕西	136.06

林业二产产值比重在70%以上的省只有一个，即福建省，二产产值比重为76.30%，位居全国第一；林业二产产值比重在60%以上，70%以下的省有两个，即广东省(二产产值比重为65.36%，位居全国第二)和江苏省(二产产值比重为62.91%，位居全国第三)；林业二产产值比重在50%以上，60%以下的省份有4个，即山东省(二产产值比重为58%)、吉林省(二产产值比重为57.16%)，浙江省(二产产值比重为56.48%)和广西壮族自治区(二产产值比重为53.87%)；林业二产产值比重在40%以上，50%以下的省有3个，即江西省(二产产值比重为47.18%)、安徽省(二产产值比重为46.93%)和河北省(二产产值比重为42.15%)；林业二产产值比重在30%以上，

40%以下的省有4个，即河南省（二产产值比重为38.76%）、湖北省（二产产值比重为36.09%）、黑龙江省（二产产值比重为35.39%）和湖南省（二产产值比重为34.48%）；林业二产产值比重在20%以上，30%以下的省（直辖市）也有4个，即重庆市（二产产值比重为29.88%）、四川省（二产产值比重为29.29%）、辽宁省（二产产值比重为26.91%）和云南省（二产产值比重为26.37%），其余两个省（贵州省二产产值比重为13.11%，陕西省二产产值比重为11.01%）二产产值比重均在20%以下（表13）。

表13　2017年林业产业总产值（按现价计算）超千亿元省份二产产值比重

省份	二产产值比重（%）	省份	二产产值比重（%）
福建	76.30	河南	38.76
广东	65.36	湖北	36.09
江苏	62.91	黑龙江	35.39
山东	58.00	湖南	34.48
吉林	57.16	重庆	29.88
浙江	56.48	四川	29.29
广西	53.87	辽宁	26.91
江西	47.18	云南	26.37
安徽	46.93	贵州	13.11
河北	42.15	陕西	11.01

3. 林业三产产值及比重

林业三产产值在1000亿元以上的省份有7个，即广东省（三产产值为1833.19亿元）、湖南省（三产产值为1403.64亿元）、贵州省（三产产值为1295.18亿元）、四川省（三产产值为1125.25亿元）、湖北省（三产产值为1089.55亿元）、江西省（三产产值为1062.99亿元）和浙江省（三产产值为1020.67亿元）；林业三产产值在500亿元以上，1000亿元以下的省份有4个，即安徽省（三产产值为851.63亿元）、江苏省（三产产值为602.16亿元）、广西壮族自治区（三产产值为601.73亿元）和山东省（三产产值为516.88亿元）；其余的9个省（直辖市）的林业三产产值均在500亿元以下，这9个省（直辖市）是，黑龙江省（三产产值为336.16亿元）、重庆市（三产产值为285.87亿元）、福建省（三产产值为284.54亿元）、河南省（三产产值为274.35亿元）、吉林省（三产产值为237.91亿元）、云南省（三产产值为211.92亿元）、辽宁省（三产产值为197.44亿元）、陕西省（三产产值为136.64亿元）和河北省（三产产值为96.94亿元）（表14）。总的看，林业生产产值的规模还不够大，20个林业产业总产值超千亿元的省份中，尚有13个省（自治区、直辖市），林业三产产值在1000亿元以下。相信未来，随着整个林业产业规模的不断扩大，林业第三产业将会有更快的发展，产值会有更大的增加。

林业三产产值比重在40%以上的省只有一个，即贵州省（三产产值为55.47%）；林业三产产值比重在30%以上，40%以下的省有3个，即四川省（三产产值比重为33.07%），湖南省（三产产值比重为32.99%）和湖北省（三产产值比重为31.55%）；林业三产产值比重在20%以上，30%以下的省（直辖市）有6个，即重庆市（三产产值比重为27.1%）、江西省（三产产值比重为25.49%）、安徽省（三产产值比重为23.58%）、黑龙江省（三产产值比重为22.92%）、广东省（三产产值比重为22.85%）和浙江省（三产产值比重为22.52%）；林业三产产值比重在10%以上，20%以下的省（自治区）有7个，即辽宁省（三产产值比重为17.20%）、吉林省（三产产值比重为15.87%）、河南省（三产产值比重为13.95%）、江苏省（三产产值比重为13.3%）、广西壮族自治区（三产产值比重为11.51%）、陕西省（三产产值比重为11.05%）和云南省（三产产值比重为10.84%）；其余三个省，即山东省（三产产值比重为7.51%）、河北省（三产产值比重为6.15%）、福建省（三产产值比重为5.69%）林业三产产值比重均在10%以下（表15）。

表14 2017年林业产业总产值（按现价计算）超千亿元省份三产产值

省份	三产产值（亿元）	省份	三产产值（亿元）
广东	1833.19	山东	516.88
湖南	1403.64	黑龙江	336.16
贵州	1295.18	重庆	285.87
四川	1125.25	福建	284.54
湖北	1089.55	河南	274.35
江西	1062.99	吉林	237.91
浙江	1020.67	云南	211.92
安徽	851.63	辽宁	197.44
江苏	602.16	陕西	136.64
广西	601.73	河北	96.94

表15 2017年林业产业总产值（按现价计算）超千亿元省份的三产产值比重

省份	三产产值比重（%）	省份	三产产值比重（%）
贵州	55.47	辽宁	17.20
四川	33.07	吉林	15.87
湖南	32.99	河南	13.95
湖北	31.55	江苏	13.30
重庆	27.10	广西	11.51
江西	25.49	陕西	11.05
安徽	23.58	云南	10.84
黑龙江	22.92	山东	7.51
广东	22.85	河北	6.15
浙江	22.52	福建	5.69

林业产业与资本市场结合实践分析

一、资本市场的内涵

资本市场的概念具有多重的内涵。从经济学上来讲，美国经济学家斯蒂格里茨给它的定义是："取得和转让资金的市场，包括所有涉及借贷的机构。"如果从其运行的期限看，斯坦福的经济学家范霍恩指出：资本市场为"长期(1 年以上)的金融工具的交易市场"。从资本市场的功能看，弗里德曼教授认为资本市场为"通过风险定价来指导新的资本积累和配置的市场。"

在国内对于资本市场内涵的理解也有很多角度，主流的观点认为，资本市场为期限在一年以上的资金融通活动的集合，包括期限在一年以上的证券市场和银行信贷市场。在很多时候，我们把资本市场侧重在证券市场，主要原因为证券市场是资本最为重要的融通场所，同时融资活动主要还是以证券化为重点。本文对于资本市场的讨论和主流的观点比较一致，即期限在一年以上的资金融通活动的集合，包括期限在一年以上的证券市场和银行信贷市场。

二、资本市场的发展特点

从目前看，我国资本市场的发展呈现多重特点，尤其是面对国际金融环境和国内政策推动等因素，资本市场的发展将面临复杂的环境。

首先，我国资本市场的发展原有的规模小、体系缺失、品种不齐全和机制的单一等情况已经有了明显的改观，行业龙头骨干企业已经基本上市，同时其内部治理水平与企业运作已经达到了先进的程度，实现的利润总额曾经一段时间超过全国规模以上企业利润总额的一半，引领了我国国民经济的发展。

其次，在资本市场之中以基金为代表的投资主体迅速发展，各类机构投资者持有的股票市值比重曾经一度超过总市值的七成以上。

第三，我国资本市场的风险意识和投资理念等均得到了明显的改善，市场、价格和监管等发挥了自身的作用，国际金融市场环境、宏观经济景气度和上市企业质量等市场因素成为主导资本市场发展的核心力量。

三、林业资本市场的发展特点和问题

1. 林业资本市场发展现状

在林业企业上市方面，由于股票市场的强大资源和资本配置能力，使得林业企业趋之若鹜，纷纷投入上市的浪潮之中，在股票市场中，林业企业既可以把资金筹集到手，又可以受托承担国家级的重大项目，促进企业内部治理结构的发展，提高企业的运营效率。目前，我国一大批的林业骨干企业经由股份制改造以及公开上市，在各个方面取得了成效。宜华木业、大亚科技、永安林业、东方园林、德尔家居、晨鸣纸业、岳阳纸业等林业企业已经在各个板块上市成功，同时还有在香港上市的中国地板控股等股票。林业产业突飞猛进的发展与林业资本市场的活跃相辅相成，在推动林业产业升级和改造、科学化管理、生产规模扩大等方面取得了明显的成效。

在林业债券市场之中，国债作用最为突出，每年中央对于林业的投资之中国债占据巨大的比重，但是目前来看用于林业建设的国债资金主要为中短期国债，其期限结构较为单一，同时其主要投入的领域集中于生态建设和环境治理，符合可持续化发展的战略思路，但对于林业企业和林业相关产业的发展扶持性不大。与此同时，在企业债券市场之中，目前虽然不够活跃，但是已经有过成功的案例。2011 年 1 月 18 日，升达林业发布公告称拟向中国银行间市场交易商协会申请注册发行短期融资券，拟注册规模不超过人民币 2 亿元，占公司2009 年度经审计合并报表净资产的 39. 49%。成为我国第一笔林业债券融资。

在林权证抵押贷款方面，开始在浙江、江西和福建等地开始了一系列的试点工作，积累了一些经验。中国林业产权交易所、南方林业产权交易所和华东林业产权交易所等产权交易机构现已进行这项工作并稳步推进。目前，林权证抵押贷款的期限已经基本放开，拥有林业和森林资源的林业企业都可以参与到林权证抵押贷款融资活动之中，使得企业获得重组的资金补充，为他们扩大生产规模和转变生产方式等都提供了巨大的便利条件。

在林业贴息贷款方面，它的出现对于林权制度改革和林业产业结构性调整都起到了积极的作用，促进了现代林业产业的发展。2006—2008 年，我国共安排林业贴息贷款接近亿元，重点扶持林权证抵押贷款项目和开展林业小额贴息贷款试点工作；2009 年专门安排贴息贷款 33 亿元进一步扩大林业小额贴息贷款试点范围；2011 年度，林业贴息贷款累计余额314 亿元。其中，工业原料林项目累计贷款余额125 亿元，占当年度林业贴息贷款累计余额总额的 40%，比 2010 年度增长 58%，中央财政予以贴息 3. 94 亿元。2017 年，随着财政部、国家林业局《林业改革发展资金管理办法》的出台，林业贷款贴息补助政策发生重大调整，调整后内容更完善，更有利于加强资金管理，提高资金使用效益。一是取消贴息年限限制，采取一年一贴、据实贴息。新政策对符合贴息条件，贴息年度(上一年 1 月 1 日至 12 月 31 日)之内存续并正常付息的林业贷款，按实际贷款期限计算贴息。二是扩大了政策贴息范围：一方面增加了各类经济实体营造的生态林(含储备林)；另一方面增加了重点国有林区、湿地公园、林业专业合作社。

三是降低了贴息门槛。将林业龙头企业以公司带基地、基地连农户的经营形式扩大为林业企业、林业专业合作社等以公司带基地、基地连农户（林业职工）的经营形式，林业企业的范畴更宽更广，不再局限在只有林业龙头企业+基地+农户才能申报。四是林业贷款贴息补助管理有新要求。新政策要求须将银行征信查询纳入审核环节，落实林业贷款贴息项目公告公示制度。对骗取林业贷款贴息补助的单位和个人，将其不良信息推送到人民银行征信系统，取消其申请林业贷款贴息补助资格。这些工作有力地推进了现代林业产业的健康发展。

在林业保险方面，目前，有辽宁、浙江、江西、福建、湖南、云南、广东、广西、四川等省（自治区）纳入中央财政森林保险保费补贴试点范围，森林保险投保面积7.28亿亩，中央财政累计拨付保费补贴资金5.02亿元。针对财政部《关于进一步加大支持力度做好农业保险保费补贴工作的通知》，国家林业局下发通知，要求各地认真贯彻落实财政部保险工作的部署，进一步做好中央财政森林保险保费补贴工作。

2. 林业资本市场发展的特点

林业资本市场发展至今，已经由最初的计划经济时代国家掌握所有资本和投入转变为多元型的发展模式，各类投融资手段不断地为林业的发展注入新鲜血液。目前林业资本市场的发展呈现以下的特点：

（1）资本运作模式增多，规模呈上升趋势　除了国家政策资本的大力投入之外，行业协会、林业金融机构和企业都在探索着更加宽阔的林业产业投融资发展渠道。从目前来看，林业贴息贷款、林权证抵押贷款、企业上市证券融资、企业债券、林业保险等一系列的投融资手段都在为我国现代林业建设添砖加瓦。伴随着林权制度的改革，林业产业作为一个朝阳产业、绿色产业、基础产业和综合性产业，势必引领未来的发展，国家在税费方面的政策倾斜也在带动更多的有识之士加入进来。

（2）投资主体多样化，投资热点多元化　加快发展林业产业是发展现代林业的重要任务，社会资本的进入是加快林业产业发展的重要途径。林业产业要有突破性发展，迫切需要大量社会资本的涌入。从目前来看，林业资本市场的发展向着前所未有的广度和深度发展。资本横向发展速度很快，投资主体从原本的单一的国家和证券市场发展到国际组织、境外资本、民营资本和民间的各类金融机构。在纵向上，资本投资的热点也大大拓展了林业产业的深度，从传统的单一的二产向林业产业一产和三产发展，营林育林、林下经济、森林旅游、家居一体、园林造景等各个行业都能看到林业资本的身影。

在国际社会资本融资方面，中国地板控股、广东宜华等企业涉足国际资本市场，在美股市场和港股市场纷纷进行融资活动，用于其国际和国内森林经营和产品生产。2010年，摩根斯坦利、国际金融公司在广东大自然地板有限公司果断注资，促使其在香港上市；2004年，浙江省世友地板有限公司与美国地板巨头JOHNSON公司合资，专业生产实木地板、强化地板、仿古地板、实木复合地板等产品。类似的事例说明中国林业企业对国际资本巨头具有很大的吸引力。

3. 林业资本市场发展的制约

(1)林业资本市场流动性不足 从目前来看，我国的林业采伐计划在制度上进行了采伐限额的规定，这一规定对年度间和项目间的采伐调剂进行了严格的限制，这个制度对于保证利用森林资源的计划性保护利用起到了重要作用。但是在新形式下，也使得投资者和林木所有者对于林业经营成果的使用受到了制约。林业资本进入林业项目之后，采伐的限额约束了其对于投资收回的步伐，使其难以自主地达到既定的融资目标，进而使得林业资本的退出和进入机制无法建立，很多打算投资进入的资本处于观望态度。就目前的抵押贷款和产权管理的试点来说，各个省政策落实的不统一造成了林业资本的不便利，其程序的混乱和操作的复杂让个别企业受到了不公待遇，造成自身资本的流失，极大地限制了资本流动，甚至一些企业的资本运作成为对手攻击的薄弱环节。

(2)林业资本结构失衡 目前，林业政策不够连续，资金的投入渠道不够稳定，致使有些领域的林业投入资金不足，还未建立起科学有效的林业生态效益补偿机制，公益林建设的资金投入和造成的资金损失没有合理渠道获得补偿，林农的利益无法得到根本性保障。其具体的表现为生态公益林的资金补偿不够、生态林的养护费用欠缺，很多地方甚至没有安排市级的生态公益林的养护费用。

同时，目前还存在着造林多、负担重的情况，林业的生态目标无法得到根本性的保障，其土地流转的费用和养护费用无法落实到基层，特别是工程造林的配套资金不足形成了重建轻管的现象。伴随着造林面积的日益扩大，以后生态公益林的养护管理将成为一个巨大的问题。

以天然林保护工程为例，2011 年国家林业局开展天保工程二期的工作，继续停止天然林商品性采伐，同时在重点国有林区调减木材年产量、建设公益林、培育后备资源、对国有职工社会保险、政社性支出给予补助，计划投入 2440.2 亿元，但在此期间，我国政策性的税费补贴和民间资本投入甚至不到天然林保护的零头，林业产业发展维系的根本性资金投入很难到位，除了国有森工集团和龙头上市企业之外，社会资本的投入更是少之又少，使得林业产业发展缺乏充足的血液供给。

(3)产权制度的不合理 目前，林地、林木和林木产品等都在法律上界定为森林资源，其产权形式按照法律界定为国家和集体所有。遵照《中华人民共和国土地改革法》，在林改时分配给广大林农，在合作化的过程之中按照《初级农业生产合作社示范章程》和《高级农业生产合作社示范章程》，通过农业集体化由林农所有转化成为集体所有森林、林木和林地，在农民集体所有的土地上由林农种植和培育林木资源。这一规定明显具有计划经济的特征，模糊了林地使用权和林木所有权之间的关系。

林地是土地资源，林木是一种资产，是林业资本投入者真正关心的资本载体。有效率的资本市场应该是要有约束力并符合激励要求的市场。投资者对投资成果如果没有拥有足够产权，对林木采伐及其产品没有完全处置权，长期无法达到通过改善林业项目资本治理结构，来达到实现资本增值高效率的根本目的，林业资本市场发育就会受到严重制约。

4. 中国林业战略性新兴产业发展基金

为全面落实习近平总书记“两山理论”，贯彻国务院《关于加快培育和发展战略性新兴产业的决定》(国发〔2010〕32 号)和国家发展改革委、国家林业局《关于运用政府和社会资本合作模式推进林业建设的指导意见》和国家林业局、国家发改委等 13 部委联合发布《林业产业“十三五”规划》文件精神，全面提升涉林骨干企业在国际国内两个市场的综合竞争力，为社会提供更多更好的林产品和服务，国家林业局于 2017 年 3 月批准设立中国林业战略性新兴产业发展基金(私募)，授权中国林业产业联合会协调和组织相关涉林上市公司、林业骨干企业参与建设，并按市场化运作、专业化管理的原则，重点投资于林业行业的战略性新兴产业方向。

(1)进展情况　中国林业战略性新兴产业发展基金建设是林业行业的一件大事，是林业行业的国家工程，是目前唯一一只经国家林业局批准建设的国家级林业行业投资基金(私募)。经过半年多与各参与基金建设的涉林上市公司和金融机构的交流与磋商、洽谈，现已具备注册成立基金公司并开始运营的条件。近期，中国林业产业联合会会同基金筹备组主要推动了如下几个方面的工作：

一是国家林业局和中国林业产业联合会领导高度重视基金建设。国家林业局和中国林业产业联合会领导分别参加相关会议，听取汇报，并作出重要指示，要求我们严格按照市场化运作模式、专业化管理的原则，加快推进基金建设进度，加快基金建设项目落地与实施。同时筹备组也多次组织召开基金建设座谈会、恳谈会、交流会、汇报会，或者利用中国林业产业联合会组织的大型会议，邀请参与基金建设的骨干企业莅临会议，套开会议，专题研究基金建设事宜。

二是数家涉林上市公司和骨干企业纷纷表达了参与基金建设的意愿。为了加快基金建设进度，我会利用会议或走访的方式，先后与大亚圣象、中国纸业、宜华生活、永安林业、康欣新材、好想你健康食品、江山欧派、汇源果汁等骨干企业就参与战略新兴产业基金及设立配套子基金进行了磋商，数家骨干企业从林业战略性新兴产业发展的大局出发，结合自身的战略规划和发展计划，愿意参与到林业战略性新兴产业基金里来，并以此为契机，借力使力、借船出海，在提高自身经营业绩和上市公司市值的基础上，促进林业战略性新兴产业的发展。在听取各方意见的基础上，基金筹备组对于基金方案也做了相应修正。

三是为确保基金安全运行，经过实地考察和评估，确立深圳市创新投资有限公司为牵头的基金运营机构。该基金公司是国有控股又非常市场化的专业的基金管理机构，历经十六年年均内部收益率达到 40.32%，投资项目超过 700 个，有超过 120 个项目完成上市，目前管理的基金规模超过 2200 亿元，拥有良好的口碑和影响力。深圳市创新投资集团有限公司表示，将按市场化运作、专业化管理的运行模式，与参与的各骨干企业一起管理运营好基金，抓好风控的基础上发掘投资机会，尽力提升基金的回报水平，为林业战略性新兴产业建设做出贡献。

四是与银行为代表的有关金融机构达成合作。近期深创投对于基金的募资等筹备事宜做了大量的前期工作，目前已与工商银行、渤海银行、招商银行、兴业银行等数家银行机构就基金的方案与发展取得一致，达成了配资意向。

五是遴选了一批可供基金投资的项目。为确保基金成立后，有可供基金运营机构筛选投资的项目，近几个月来，中国林业产业联合会通过各省林业厅局在全国范围内遴选了200多个项目，初步建成基金项目库。

六是经过反复调研、论证，确立了第一期基金建设规模。在1000亿基金建设总目标不变的前提下，林业战略性新兴产业基金从实际出发，经过沟通协调，并在局领导的指导下，规划第一期规模合计100亿元左右，其中母基金15亿元左右，各子基金合计85亿元左右。

七是子基金筹备工作已经启动。其中由中国纸业公司牵头筹备纸业子基金，由中国林业产业联合会木本油料促进会筹备子基金，设计规模均为30亿元左右，由北京庆安联华投资基金管理有限公司牵头的森林康养与特色小镇产业基金，设计规模100亿元。

(2)基本思路　第一期基金建设的重点是与各个参与的林业骨干企业(上市公司)分别组建子基金，每只子基金将紧紧围绕各骨干企业(上市公司)开展行业整合和并购，服务于各上市公司的战略规划、业绩增长和市值提升，是“上市公司+PE模式”的升级版。

在母子基金架构下，按照每只子基金平均10亿元，上市公司(控股股东)总计须出资2.5亿元左右，其中投入母基金1亿元左右，投入子基金1.5亿元。各参与的林业骨干企业也可不单独设立子基金，只作为创始合伙人参与母基金建设。如需成立配套的子基金，则可根据各自的战略规划和资金状况，科学谋划自身需要配套的行业子基金规模，从而确定参与母子基金的金额。初步确定，参与母基金的金额分两次出资到位，十九大报告中明确指出，基金设立时出资50%左右，另外的出资根据子基金和投资项目的情况进行投放。

母基金及管理公司设立后，将首先立即启动针对各参与的骨干企业的投资项目，待定向的投资项目相对成熟后设立对应的子基金。各子基金独立运营，不互相干扰，各子基金自行承担盈亏。子基金鼓励各参与母基金建设的上市公司发挥主动和主导作用。每一只子基金都紧紧围绕上市公司的战略规划，为上市公司配套服务。

四、推动林业资本市场发展的若干建议

1. 强化政策性银行贷款能力

政策性银行在建立之初就是为了贯彻国家关于相关产业的政策和区域发展政策而设立的，但是由于林业政策性贷款的专业性和政策性银行经营的指向性不强，形成了大量的有资质的林业企业无法得到相应的政策贷款的现实，加上林业企业融资渠道的单一和有限，就降低了政策性银行对于林业企业的贷款执行力度。

为了保证政策性银行的应有功能，我们想首先要通过政策性银行与国家兴林富民的政策对接来争取更多的资金和政策的支持，保证林业企业的资本充足。同时，我们还要与银行多多对接来引入林业企业的专门化业务单元，提升银行的执行能力。

在目前条件下，我国政策性银行虽然存在多个政策性扶持的产业分类，但是在组织结构和专门程序上没有引入独立的林业贷款市场细分的环节，造成林业政策性贷款在操作层面非常复杂，缺乏合理的评估手段，在市场服务不健全的条件下形成不良资产，影响政策性贷款的效率。所以，在政府大力扶持林业产业的大背景下，我国政策性银行应该探索出一条专门的林业贷款部门或者程序，吸收具有丰富经验的林业工作人员，做好林业的行业分析和相关的企业调研工作，在顺畅执行贷款程序的同时尽量减少不良贷款的存在。

2. 优化林业资本市场的金融环境

在当前的金融条件下，我们要进行林权流转市场的完善工作，以促进林权市场的繁荣，进而让林业产业最根本的基础资产得到充分的流动，资本得到释放。我们要建立各门类的林木资源评估机构和人员的建设和培养机制，实现其市场准入和退出，同时对他们进行科学的监督和管理，建立统一的标准以供执行，进行森林资源价值评估制度的完善工作，在制度基础之上形成一个防范风险的体系。

同时，要对配额的采伐制度进行改革的探索，在不违背森林经营科学原理的条件下强化采伐的灵活度。要建立一个科学有效的采伐指标分配体系，强化指标分配的透明度，认可市场机制在采伐指标分配之中的调节作用，使得经营与采伐指标挂钩。在分配采伐指标的过程中要探索林权抵押贷款和采伐指标体系的衔接，避免银行贷款和采伐指标的冲突，使得林农规避这样的风险，同时强化金融机构对于抵押物的处理能力，让资本实现通畅的运行。

要进行林业保险业务的扶持工作，由财政、林业主管部门对于投保者以适当的资金补贴，同时完善森林保险的风险补偿机制，给予超过赔付量的保险企业以补贴。与此同时，保险公司也要开发出符合林业生产规律和需求的产品，强化林业保险的宣传力度，让林业保险为林业资本运作保驾护航，鼓励林农参与林业保险业务，同时分散保险各个环节的风险。

3. 为林业企业上市创造有利条件

我国林业产业的发展比较滞后，主要是由于在计划经济条件下和林业生态、社会效益双重责任之下林业的市场不够活跃，一些生产规模较大，资本效益比较好，同时发展前景光明的林业企业，对于上市筹集资金的条件和要求了解不多，而要通过自身的努力实现其上市的条件，难度相对来说也比较大。与此同时，林业企业还有着它们生产的特殊性，即投入大、周期长、回报晚，对于创业型的林业企业满足上市要求很困难。在这个过程之中，地方政府没有对林业企业进行有效的支持和引导，限制了林业企业上市的进程。市场经济要实现的就是自由竞争的市场，公平的竞争可以提高市场经济的运行效率，由此才可以促进社会利益的最大化。同时，为了满足创业板市场的要求，同时促进林业产业的迅速发展，我们需要建立林业企业上市创业板的要求，以促进更多的林业企业上市融资。

对于规模以上具备上市条件的企业，各地应该在税收和资金等方面进行帮助，组成工作组对当地的林业企业进行集中的培训和座谈，了解他们的心声，指导他们根据自身的特点来进行上市的运作，来到证券市场进行融资，让他们通过兼并和重组等多种方式建立大型林业集团企业，提高自身的综合实力，使自己具备上市条件。目前，林产工业作为林业产业发展比较迅速和成熟的产业之一，其业务规模和资金需求都比较大，可以选择在主板上市。与此同时，还有一些一产和三产的企业我们要引导他们通过股权的转换、市场并购和资产抵押等手段实现间接上市，小企业还可以挺近创业板，利用上市融资来促进内部治理结构的合理化和经营管理的科学化。我们还要呼吁《证券法》对于林业企业上市设立特殊的条款，实现林业生态价值与市场价值的转换，促进林业企业在生产之中注重生态效益，发挥证券市场对于林业产业发展的引导和推动作用，孕育生态的、可持续发展的林业龙头企业。

4. 加快构建林业融资的中介平台

随着林业产业与资本市场融合程度进一步深入，需要培植和发展一系列的会计事务所、林业审计和资产评估、咨询等中介机构，强化林业企业上市的研究和咨询工作，保证林业企业融资行为的顺利进行。从目前来看，我国从事林业和林产品加工领域的中介组织发展不够完全，要花大力气改进现状，建立一大批相关的专业性、有资质的机构。在林业企业上市风潮兴起之后，相关的券商也会成立林业行业的研究部门，进行政策和行业发展的评估工作，这样就搭建了林业企业融资行为的直通平台。

同时，行业内部要进行投资咨询中介队伍的建设，在各地的产权交易所和林业产业主管部门也要设立资本政策的研究部门，为林业产业化经营的龙头企业开展积极有效的咨询工作。还要在各大林业院校的林业经济专业之中，结合林业和林产品加工业的特点，培养通晓林业产业一产、二产和三产的专业性人才，让他们学习资本市场运作相关的专业课程，实现林业产业资本运作的创新，为社会提供这方面的专业性人才。

关于中国林业产业市场化进程的思考

一、林业经济市场化的意义和必要性

市场运作在动态的发展变化过程中，依照客观环境的具体情况，分成不同的发展阶段。在每个发展阶段中，生产要素被组合与运用，构成不同的形态，出现不同的市场化商业运作模式。林业产业化发展应用已成熟产业的商业运作模式，提炼已成熟产业的商业运作经验，组合已成熟产业的商业运作工具，认清林业行业的基本特性，结合中国林业现阶段客观实际，创建具有中国特色的林业产业商业化运作模式。

中国在实施改革开放国策35年之后，党的十八届三中全会又出台了《中共中央关于全面深化改革若干重大问题的决定》这一历史性文件，就全面深化改革、推进经济社会发展进行了深刻阐述和总体部署。其中，将市场在资源配置中的地位和加快完善市场体系重新进行定位和做重点强调。作为国民经济重要组成部分的林业行业，如何结合行业实际对本行业改革与发展进行全面评估，特别是就推进林业产业的市场化进程做总体设计十分必要，也具有重大现实意义。

党的十八届三中全会就加快完善现代市场化体系提出了明确要求。建设统一开放、竞争有序的市场体系，是使市场在资源配置中起决定性作用的基础。必须加快形成企业自主经营、公平竞争，消费者自由选择、自主消费，商品和要素自由流动、平等交换的现代市场体系，着力清除市场壁垒，提高资源配置效率和公平性。

要实现生产要素和林业资源的合理分配以及利用，市场化是必由之路。过去，有些林业部门的领导只注重营林，结果还是荒山越来越多。为了发展林业，落实2003年6月25日中共中央、国务院的9号文件《关于加快林业发展的决定》中，又出台了许多有利于林业产业市场化的政策，包括："放手发展非公有制林业，国家鼓励各种社会主体跨所有制、跨行业、跨地区投资发展林业。凡有能力的农户、城镇居民、科技人员、私营企业主、外国投资者等，都可单独或合伙参与林业开发，从事林业建设"。要进一步明确非公有制林业的法律地位，切实落实"谁造谁有、合造共有"的政策。"统一税费政策、资源利用政策和投融资政策，为各种林业经营主体创造公平竞争的环境"等等，这些政策都十分有利于林业的大发展。实践证明，这些市场化政策出台后，使中国的森林资源有了很大提高。虽然我国原木产量由1983年的5232.3万立方米发展到2013年的7836.89万立方米，增长49.78%，木材产量的提高，不仅没有使中国的森林资源受到破坏，反而促进了中国林业的高速发展，使中国的森林资源各项指标有了很大提高。当前许多林业部门(单位)在重视生态发展的同时，也注重产业的发展，实现林业的生态效益、经济效益和社会效益，这样也就导致了林业经济的发展方向转向了生产率比较高的用途中，对于林业企业和林农来说，只要保证行为不违反相关法律法规，就是直接参与或者服务了我国的林业经济市场化，提高全社会的造林和护林积极性。

市场是实现林业经济市场化的主要场所，也就是把木材作为可交易商品放在市场中，并产生货币交易。在这其中，林业资源的供应者不论以何种形式存在，都是独立进入市场并自主供应、竞争和管理的主体，他们在市场竞争中的机会是均等的。我国已经在逐渐尝试林业经济的市场经济体制建设，所以说我国的林业经济市场化尚且处在初步探索阶段。我国现在施行的集体林业所有权制度，只是林业经济市场化的一个小的决定因素，这个因素决定了林业市场经济的多元化和林业资源的所有者在市场中的主体地位。随着林业经济的不断发展，林业经济将会由分散逐步转变为高度集中，也就是我们所说的垄断，这是不宜于林业经济发展的，所以就要改革林业经济体制，发展市场化的林业经济，打破垄断，让林业经济的发展逐渐分散开来并最终趋于平衡。考虑林业经济的市场化要从全局的角度来衡量，实现全国一盘棋思想，避免造成资源和资金的浪费，因此，市场经济发出的信号是林业经济决策的先决条件。

二、对林业推进行业市场化程度的初步评估

(一)林业行业市场化现状

改革开放以来，随着国民经济和社会的发展，我国林业产业的发展由小到大，由缺到全，目前已形成涉及国民经济第一产业、第二产业、第三产业的多个门类、多种产品较完整的复合产业体系。

推进林业产业市场化，对正处于转型期的林业产业来讲势在必行。目前我国林业产业的发展呈现以下一些特点：产业发展迅猛，势头强劲；新兴产业迅速崛起，成为林业产业发展的亮点；非公有制经济成为林业产业发展的生力军；林业产业产品竞争力不断提升，在世界贸易中的份额不断加大。

目前，我国已成为一个林业产业大国。我国的经济林产品包括纸和纸板、木质家具、竹及竹制品、人造板、松香等主要林产品的产量居世界第一。同时，我国也是一个林产品进出口大国。2013 年，我国主要林产品进出口总额达 829. 32 亿美元，其中出口 466. 52 亿美元，进口 362. 8 亿美元。

我国经济社会已进入加快推进的重要时期，与此同时我国林业产业的发展与整体国民经济发展保持着高度的一致性。近 10 年来，我国林业产业呈现出持续高速增长的态势，全国林业产业总产值达到 1 万亿元用了 57 年，从 1 万亿元达到 2 万亿元用了 4 年，从 2 万亿元达到 3 万亿元仅用了 1 年。2013 年全国林业总产值由 2012 年的 3. 95 万亿元上升到 4. 5 万亿元。林业产业的快速发展迫切要求林业产业市场化推进。

(二)林业行业市场化进程中存在的问题

我国林业产业虽然取得长足发展，但仍然属国民经济中的弱质产业，不能使有限的资源发挥最大的综合效益，新兴支柱产业尚未形成。同时，还担负着生态保护的重

任，受到政策、体制、资金、技术、交通运输、能源等因素的制约，市场化进程仍存在一些问题，主要表现在以下几方面。

（1）林业产业传统产业所占比重大，第二产业素质不高 第二产业素质不高的状况，主要表现在林业加工企业规模小、初级、低档产品多、精深加工产品少。木浆造纸、刨花板、中密度纤维板和定向刨花板的平均规模分别仅为世界水平的2.29%、12.98%、35%和10%。我国林业产业的比较劳动生产率和设备现代化程度等方面也比较低，导致林业产业素质低下。

（2）区域布局不合理，产业结构雷同 我国林业产业的区域分布格局虽有所调整，但重心依然在东北等重点国有林区。从木竹采运业产值结构中可以看出，东北重点国有林区占50%，西南区占11.5%，南方10省份占32%，其他地区仅占6.5%。布局上的不协调与“大而全”“小而全”、重复建设的现象并存，各区域林产品结构相似，同构化明显，各区域分布很不合理。

（3）管理体制落后，产业发展机制不健全 我国林业产业管理体制和企业经营机制不适应加入WTO后的新形势。表现为条块分割、政企不分，企业经营自主权不足，尚未建立起具有完全意义上的现代企业制度；林业生产者负担的原木、原竹农业特产税税率高达8.8%；对企业投入少，税费征收多，企业包袱沉重，技术改造和自我发展能力不够；产业发展机制不健全，参与国际市场竞争的准备和能力不足；缺乏了解国内外林产工业发展趋势及行情和及时沟通产业信息的中介组织；金融杠杆作用不明显，财政、税收、信贷倾斜力度普遍不够，发展资金严重不足已成为产业发展中非常突出的问题。

三、林业产业推进市场化的若干实践与评价

1. 1998年国家实施政府机构改革与职能转变以来林业产业发展分析

2001年我国林业第一、二、三产业的产值结构比例为66∶30.4∶3.6，2006年为44.2∶48.8∶7，2011年为36∶55∶9。10年间，第二产业所占比例由30.4%提升到55%，林业工业化进程明显加快。目前，全国规模以上林业工业企业超过15万家，产值占到全国林业总产值的70%以上。

在林产工业迅速发展的同时，特色产业也迅速崛起。统计显示，2010年我国经济林产品产量达到1.26亿吨。竹产品增加到100多个系列，数千个种类，2011年全国竹产业产值达到1047亿元。依托自然资源、具有区域特色的产业集群已逐步形成。据悉，2011年全国茶油产值达到245亿元，比2010年增长75.43%。森林公园发展到2151处，森林旅游收入1863亿元，比2010年增长42.18%，直接带动其他产业产值超过3296亿元。

2. 林业产业上市企业对林业产业发展的拉动与分析

我国林业资本市场涵盖资本市场之中涉及林业的所有内容，包括林业企业上市融资、林业基金、林业信托担保、林业抵押贷款和林业保险等内容，这些内容覆盖林业资本运作的各个方面，其覆盖重点不同，表现形式各有侧重，相辅相成组成我国林业产业发展资本运作的全部内容。

由于股票市场的强大资源和资本配置能力，使得林业企业对上市趋之若鹜，纷纷投入上市的浪潮之中。林业企业在股票市场中既可以筹集资金，又可以受托承担国家级重大项目，有利于优化企业内部结构，提高企业的运营效率。目前，我国一大批林业骨干企业经由股份制改造公开上市，取得了显著成效。吉林森工、中福实业、美克股份、宜华木业、升达林业、棕榈园林、兔宝宝、大亚科技、绿大地、景谷林业、威华股份、浙江永强、科冕木业、永安林业、东方园林、德尔家居、晨鸣纸业、岳阳纸业等林业企业已经在各个板块上市成功，同时还有在香港上市的中国地板控股等股票。林业产业突飞猛进的发展与林业资本市场的活跃相辅相成，在推动林业产业升级改造、科学化管理、生产规模扩大等方面取得了明显的成效。

在林业债券市场之中，国债作用最为突出，每年中央对于林业的投资中国债占据巨大的比重，但目前用于林业建设的国债资金主要为中短期国债，其期限结构较为单一，同时其主要投入的领域集中在生态建设和环境治理等方面，对于林业企业和林业相关产业的发展扶持不大。而在企业债券市场之中，尽管目前不够活跃，但是已经有成功的案例。

林权证抵押贷款在浙江、江西和福建等地开展了一系列试点工作，并积累了一定经验。中国林业产权交易所、南方林业产权交易所和华东林业产权交易所等产权交易机构现正在稳步推进林权证抵押贷款工作，拥有林业和森林资源的林业企业都可以参与到林权证抵押贷款融资活动之中，使得企业获得重组的资金补充，有利于企业扩大生产规模和转变生产方式。

林业贴息贷款的出现对于林权制度改革和林业产业结构性调整都起到了积极的作用，促进了现代林业产业的发展。2011 年度，林业贴息贷款累计余额 314 亿元，其中，工业原料林项目累计贷款余额 125 亿元，占当年度林业贴息贷款累计余额总额的 40%，比 2010 年度增长 58%，中央财政予以贴息 3.94 亿元，林业贴息贷款有力地推进了现代林业产业的健康发展。

林业资本市场发展至今，已经由最初的计划经济时代国家掌握所有资本和投入转变为多元型的发展模式，各类投融资手段不断为林业发展注入新鲜血液。林业政策资本依然占据主导地位，目前我国林业的投资发展状况仍以国家投入为主，随着国家林业相关政策的不断完善，政策资本在林业发展之中的地位还将不断得到巩固和加强。2011 年，中央林业资金投入达到近 900 亿元，比“十一五”年均水平增加 50.3%，涉林贷款达到 1216 亿元，同比增长 20.7%。

同时，林业资本运作模式增多，规模呈扩大趋势。除了国家政策资本的大力投入之外，行业协会、林业金融机构和企业都在探索着更加宽阔的林业产业投融资发展渠道。林业贴息贷款、林权证抵押贷款、企业上市证券融资、企业债券、林业保险等一系列的投融资手段都在为我国现代林业的建设添砖加瓦。

2011 年 1 ~ 11 月，南方林交所成交的林权项目就达 49 宗，其中成交价格超过 100 万元的项目有 8 宗。中国林业产权交易所，林权项目的交易也不断刷新历史新高，仅在 2011 年 11 月下旬，中国林交所挂牌的林权流转项目就达到 19 项，包括一系列的国外项目。

林业投资主体多样化，投资热点多元化。林业资本市场投资主体从原本单一的国家和证券市场发展到国际组织、境外资本、民营资本和民间的各类金融机构。资本投资的热点也大大拓展了林业产业的深度，从传统的单一的二产向林业产业一产和三产发展，营林育林、林下经济、森林旅游、家居一体、园林造景等各个行业都能看到林业资本的身影。

截至 2010 年年底，我国林业共利用国际贷赠款 15 亿美元，带动国内配套资金 87 亿元人民币，项目区累计营造各类人工林 582 万公顷，增加林木蓄积量约 5.5 亿立方米。中国林业相继与世界银行、亚洲开发银行、欧洲投资银行及全球环境基金合作实施贷赠款项目 21 个。项目覆盖全国 23 个省(自治区、直辖市)，建设内容涵盖了改善生态环境、保护生物多样性、减缓和消除贫困、增加木材储备、巩固集体林权制度改革成果、发展林下经济等领域。

在国际社会资本融资方面，中国地板控股等企业涉足国际资本市场，在美股市场和港股市场纷纷进行融资活动，用于其国际和国内森林经营和产品生产。2010 年，摩根斯坦利、国际金融公司在广东大自然地板有限公司果断注资，促使其在香港上市；2004 年，浙江省世友地板有限公司与美国地板巨头 JOHNSON 公司合资，专业生产实木地板、强化地板、仿古地板、实木复合地板等产品。

3. 未来期货、现货上市运行分析

2012 年，在中国林产工业协会松香分会的支持下，天津渤海商品交易所与浙江松阳三家松香企业合作，启动松香现货交易；2013 年 12 月，在国家林业局计财司和中国林产工业协会支持及参与下，大连商品交易所通过认真调研并经国家证监委报国务院审批，胶合板和纤维板正式上市交易；目前中国林产工业协会与华东林业产权交易所合作，正在对红木、胶合板、刨花板和纤维板进行现货上市试点探讨。与此同时，一些地区及行业机构也在做相应探讨工作。

林产品上市对产业具有积极作用，大商所农产品事业部相关人士表示，目前交易所已选择胶合板中的细木工板和纤维板中的中密度纤维板作为这两类品种的交易标的，近期调研表明两品种在现货贸易中占比较大，代表性强，完全适合作为期货交易标的和交割标准品，同时 2017 年的系列调研论证为两品种合约和规则的完善提供了依据。

我国是胶合板、纤维板生产消费第一大国，2011 年胶合板产量达 9869.62 万立方米，其中符合产业发展方向且易于标准化的为细木工板，占比近 20%，因此细木工板作为期货交易标的物具有合理性；而 20 世纪 90 年代国内部分期货交易所上市交易的“进口胶合板期货”，随着我国成为胶合板的净出口国已失去原有市场基础。在国内纤维板市场，2011 年其产量达 5562 万立方米，其中用于家具制造的中密度纤维板占 89%，国标对该类纤维板有专门标准，因此选择中密度纤维板作为期货交易标的符合现货市场实际。

胶合板与纤维板同属木材加工行业的重要产品，二者均在建筑装潢、家具制造和交通运输工具制造等基础性行业中有广泛用途，是国民经济发展中重要的基础性产业之一。上市相关林产品期货品种，将填补国内林产品期货品种空白，进一步健全大商所农产品品种序列，拓展大商所为第一产业的服务范围，对于国内林业产业发展意义重大。

4. 行业自律与品牌建设、诚信建设、社会责任担当等实践经验

中国林产工业品牌培育试点工作启动会暨林产工业专业展会座谈会 5 月 21－22 日在北京召开。会议对中国林产工业品牌培育工作进行了全面部署，对林产专业展会进行了总结推介。开展品牌培育活动，是加速工业转型升级、振兴经济的一项重要举措。我国虽已成为世界林产品生产贸易大国，但不是强国，我们还缺乏有竞争力的品牌。如不加快品牌建设，很容易在市场竞争中丧失世界领先地位。品牌培育活动给林产工业提供了一个增强产业核心竞争力，促进企业由价值链低端向高端跃升的平台。通过品牌培育活动，可以加速中国林产工业由“中国制造”向“中国创造”转化的进程。在品牌建设中，林业产业的展会在推动经济发展中的作用越来越明显，展会不仅成为企业开拓市场的重要平台，而且逐步成为提升产业整体水平的重要途径。

对于企业的诚信建设和社会责任担当，看似与企业的创利是一对天生的矛盾体，但事实并非如此。在企业可以承受的范围内，承担社会责任越多，越受尊敬，社会口碑愈佳，产品市场越宽广，为企业创造利润就越大。相反，抛弃企业社会责任，为了攫取更多利润，丧失道德底线的企业最终只会被社会唾弃淘汰，在市场中毁灭。当年轰动一时的“毒地板”事件就是企业置产品质量不顾而导致其社会责任严重缺失的典型案例。因此，作为社会的重要组成部分，林业企业应为整个社会提供物资需求和精神产品，在其生产、销售，追逐利益的过程中，创造利润、对股东承担法律责任的同时，还要承担对员工、消费者、社区和环境的责任。

5. 东北、内蒙古国有林区改革试点带来的启示与借鉴

截至目前，东北、内蒙古国有林区改革试点工作已取得了阶段性成效。一是初步建立省级以下垂直领导的森林资源管理体系。国有林管理机构设定为正处级，实行省级以下垂直领导的管理体制，分别由吉林省林业厅、内蒙古大兴安岭林业管理局、黑龙江省森工总局和大兴安岭林业管理局直接管理。二是依法赋予国有林管理机构森林资源管理职能。国有林管理机构负责辖区国有森林资源的调查、监测，审核森林经营方案；监督和管理辖区木材运输、木材经营(加工)的；征收森林植被恢复费等国家规定的费用；监督、检查辖区林下资源的开发利用；依法行使林业行政处罚权。三是合理确定人员编制，理顺经费渠道。国有林管理机构都按照履行职责的需要合理设置内部科室，合理确定人员编制，实行定岗定员、优化配置。在试点阶段，工作经费分别由吉林省林业厅、黑龙江省森工总局、内蒙古大兴安岭管理局和大兴安岭林业管理局

负责安排。四是建立了科学的运转机制。在试点森工企业局，对国有森林资源实行委托经营新机制，由国有林管理机构负责委托森工企业经营，并实施监管。

改革试点给林业产业市场化推进带来一系列启示：一是森林资源管理权与经营权分开，企业经营者认识发生了转变，企业的生态保护意识和资源保护意识进一步增强；二是分局依法保护管理森林资源的责任感明显加强，管理意识、管理手段明显提高，工作人员的积极性大大增强；三是森林经营的质量意识明显增强，两家责任明确，相互约束，形成了依法行政、守法经营、按序开发利用的森林资源管理经营格局，营造林质量和伐区作业质量有了很大提高；四是一些久治不愈的破坏森林资源的行为得到有效遏制，没有管理分局的意见和文件，林业局涉及林地和林木的生产经营活动不能进行，从程序上阻止了违法采伐林木和违法使用林地行为的发生。

6. 总体评价

林业产业化是利国利民的好事，它的发展能够在一定程度上解决资源紧张的问题，并可以解决一部分剩余劳动力的问题；林业产业市场化是市场发展的必然，是林业产业健康发展的必由之路。因此，我们要积极采取措施，努力推动其发展。近几年，我国林业产业快速发展势头不减，产业规模不断扩大，这离不开林业各部门的若干实践。

四、关于加快推进林业产业市场化建设的若干思考

（一）对林业行业推进市场化建设的总体思考

一是建立公平开放透明的市场规则。改革市场监管体系，实行统一的市场监管，反对垄断和不正当竞争。建立健全社会诚信体系，褒扬诚信，惩戒失信。健全优胜劣汰市场化退出机制，完善企业破产制度。

二是完善主要由市场决定价格的机制。凡是能由市场形成价格的都交给市场，政府不进行不当干预。完善农产品价格形成机制，注重发挥市场形成价格作用。如林业大宗产品期货和现货的上市等。

三是完善金融市场体系。在加强监管前提下，允许具备条件的民间资本依法发起设立中小型银行等金融机构。推进政策性金融机构改革。健全多层次资本市场体系。

（二）加快推进林业产业市场化进程的若干建议

1. 政府的宏观把控

政府拟定产业发展总体规划和产业结构调整战略，并认定若干龙头企业与特色工业园区，并在政策上予以支持。

2. 引进投融资机制

发起与逐步适应市场经济社会的投融资机制，如建立林业产业发展基金、引入国际金融与资本进入林业产业，促进产权交易等。林业产业的发展离不开资金的投入，林业产业发展基金，作为一种资金投入的同时，不仅能从资金的数量上改善林业产业投资不足的问题，同时作为产业资本和金融资本的结合，将有益于实现林业投资主体向多元化发展，有利于增加林业的筹资渠道。产业投资基金是目前我国投资基金领域亟待研究的重点课题，也是一种促进国民经济发展的投资形式。产业投资基金是通过

发行基金受益份额，面向投资者募集资金，交由专业投资人才组成的投资管理机构运作，基金资产分散投资于不同的实业项目，收益按投资分成的金融工具。它既具有一般意义上的投资基金所具有的集合投资，专家管理，分散风险，运作规范等优势，又具有与主要投资于证券的证券型基金不同的特点。当前在我国调整优化产业结构，促使产业结构升级和资本市场发展，特别是在帮助国有企业改革和脱困的形势下，研究实施产业投资基金恰逢其时。

3. 推进产业的社会化和市场化

进一步推进林业企业资本上市和产品期货、现货上市，以提高产业社会化和市场化程度。

4. 利用市场手段完善林产品质量管理和树立企业信誉

(1)抓品牌建设促进优胜劣汰 坚持以企业为主体，发挥企业在品牌建设中的主体作用；坚持突出质量、技术、创新在品牌建设中的核心作用，加大工业产品知识产权的创造、运用、保护和管理力度，鼓励推广具有自主知识产权的技术标准；坚持以市场为导向，通过市场竞争、优胜劣汰，培育拥有较高知名度和美誉度的工业品牌；坚持政策引导，通过政策扶持、规范市场和加强公共服务体系建设，积极探索我国工业企业品牌发展道路。增强品牌意识，要把品牌培育作为林业产品质量和信誉建设的重要内容，引导企业增强以质量和信誉为核心的品牌意识。各有关部门要通过各种活动和各类媒体形式，大力宣传品牌建设的重要意义，营造有利于品牌成长的社会氛围。要鼓励企业开发切合实际的品牌管理机制和品牌塑造方法，建立品牌战略，实施品牌经营，培育品牌文化。指导林业企业重视知识产权法律尤其是商标法律制度的运用，从战略、管理、传播和资产管理各个层面推进品牌建设。

(2)抓森林认证、木材合法性认定，以及相关的体系认证与国际接轨 坚持实施可持续发展战略是我国的基本国策，林业可持续发展是国家可持续发展战略的重要组成部分，而森林可持续经营又是林业可持续发展的基础。现在，我国林业正面临着由以木材生产为主向以生态建设为主的历史性转变，林业承担着改善生态、发展资源、促进发展的历史重任。实现森林的可持续经营已成为中国林业发展的首要任务。实现林业可持续发展，对于实现全面建设小康社会的宏伟目标具有重要意义。全面推进现代林业建设的过程，实际上是一个不断深化林业改革，建立新型体制机制，理顺生产关系的过程；是一个改造和提升传统林业，转变增长方式，发挥多种功能，满足社会多样化需求，实现可持续经营的过程。在这一过程中森林认证是可以大有作为的。森林认证对企业发展有很大的促进作用。首先，可以促使企业建立先进的管理体系和经营体系，从而促进中国林业企业的技术进步和管理水平的提高，加快了林业企业的发展。其次，可改善认证企业在国内外消费者心目中的形象，提高认证企业在国际、国内的知名度。第三，可以促进我国林业企业把视野和目标从国内扩展到全球，可以实现国内林业产业与国际林产品市场的对接，形成外在市场需求和我国林业产业的有机衔接，从而有利于提高我国林产品的国际竞争力。目前，无论是在国际市场，还是在国内市场，消费者的环境意识都在提高，只有绿色产品在市场上才会被欢迎。在欧美市场，对 FSC 认证产品的需求与日俱增。在国内市场，虽然大多数消费者的环境意识还不高，但这已是一种趋势。随着社会经济的发展，人们将日益重视环境问题，环保意识将大大增强。企业为了生存和发展，产品的质量是关键，同时也应符合环境要求。对林业企业同样如此，而经认证的产品符合这一要求和趋势。开展森林认证是中国林业企业开拓市场的有效工具。

(3)促进企业社会责任担当　我国林产工业企业在社会责任担当方面还属于起步阶段，还应从 4 个方面推进企业社会责任的履行和担当。

首先，政府要推进企业社会责任法制化进程，着力建立企业社会责任评价体系，提高企业履责的理念和水平，同时运用行政执法或委托行业协会对企业实行公开监管。

其次，行业协会作为市场和政府之外的第三种治理结构，在促进企业履行社会责任中发挥着不可替代的作用。行业协会应基于行业特点，通过建立推进机构、制定规范、开展培训咨询等措施，提升行业企业社会责任管理和实践水平。

第三，企业应将履行社会责任融入企业发展战略、组织结构和日常经营管理中，建立健全社会责任管理体系，使企业产生履行社会责任的内在动力，并通过定期发布报告等方式，加强沟通与交流，增强履责透明度。

第四，要加强社会监督。社会组织和公众应进一步增强关注度和参与度，强化对企业的社会监督，充分发挥新闻舆论、行业组织的作用，形成多层次、多渠道的监管体系，以完善企业承担社会责任的社会环境。

5. 合理定位，形成政府、协会、企业分工与合作联动机制

(1)政府定位及工作侧重点　科学的宏观调控，有效的政府治理，是发挥社会主义市场经济体制优势的内在要求。必须切实转变政府职能，深化行政体制改革，创新行政管理方式，增强政府公信力和执行力，建设法治型政府和服务型政府。政府要加强发展战略、规划、政策、标准的制定和实施，加强市场活动监管，加强各类公共服务提供。加强中央政府宏观调控职责和能力，加强地方政府公共服务、市场监管、社会管理、环境保护等职责。推广政府购买服务，凡属事务性管理服务，原则上都要引入竞争机制，通过合同、委托等方式向社会购买。建立事业单位法人治理结构，推进有条件的事业单位转为企业或社会组织。侧重点如下：

一要抓市场准入。政府对市场准入的监管，是政府市场监管活动的基础环节。主要是指政府依据国家的有关法律法规，依法对各类市场主体的资格进行审查，根据一定的标准判断其是否具备进入市场开展交易活动的资格成为合法的市场主体，从市场交易行为的源头防止不合法交易行为的发生。与西方市场经济国家大多数采取“准则主义”和“宽进严出”的低门槛市场准入政策不同，我国现行的市场准入的法律法规制度对各类不同所有制和行业的市场主体进入有着不同标准的门槛，同时要经过比较复杂的审批程序，这在一定程度上加大了市场主体的市场准入成本，限制了其自由发展的空间。加入 WTO 后，我国的市场准入法律制度也必须与国际规则相适应，对不符合 WTO 规则要求的各种市场准入的法律法规进行修改或废止，及时制定非歧视的国内外市场主体的统一的市场准入法律法规，简化对市场主体资格认证和登记审批的程序，以为

各类市场主体积极参与市场交易行为提供便捷、高效的服务。同时，要根据各项市场准入的法律法规，坚持依法行政，组织各级政府市场监管职能部门依法对各类市场主体的资格和登记义务的履行进行检查和核实，坚决依法取缔一切非法市场主体及其市场交易行为，以维护规范统一的市场准入秩序，为创造良好的公平竞争环境奠定坚实的基础。

二要抓市场监管。政府的市场监管职能，最终目的是要通过对各类市场交易行为的有效监督，规范各种合法交易行为，巩固市场交易成果，使参与市场交易双方的权利与义务能够实现，以此保护各类市场主体的合法权益。政府市场监管职能部门，要根据国家有关市场交易行为的法律法规，对各类市场交易行为的过程与结果进行监督检查，尤其要加强市场交易的双方是否诚信、依法履约等行为进行监管，并依法纠正侵权行为和强制违约者履约，使得市场交易双方的合法权益能够得到切实保障。各国政府在履行市场监管职能，监督市场交易行为和保护市场主体合法权益的实践中，逐步将保护的重点移向作为市场交易行为中相对弱势的一方，即通常所指的消费者。加入 WTO 后，我国政府在消费者权益保护方面还有许多工作要做：一是进一步完善消费者保护立法，抓紧清理、废止侵害消费者权益的文件。二是要充分发挥政府市场监管职能部门在保护消费者权益方面肩负的积极干预的职责。三是教育和引导企业自觉强化对消费者的社会责任。四是调动社会团体和中介机构的积极性，充分发挥他们在消费者权益保护方面的积极作用。五是进一步拓宽消费诉讼的解决途径。在切实保护消费者权益的同时，政府还应注意保护与消费者相对应的各类市场主体的合法权益，为经济与社会发展提供良好的市场竞争环境。

三要抓法制建设。政府法制建设是政府工作的重要基础，是社会主义法制建设的重要组成部分，它能否适应时代的要求，直接关系到市场经济能否发展，是涉及全局的大事。因此，从理论与实践相结合的角度，深入地研究政府法制建设问题，对于规范政府行为，转变政府职能，推动和保障市场经济体制的建立和逐步完善，具有重大的理论意义和现实意义。我国市场化改革的方向和国民经济市场化进程就是要逐渐减少政府的约束，增大市场的约束，以市场的分散决策、竞争机制、主体利益多元化的产权利益约束，来替代政府集中经济决策、行政管理经济的约束，从而降低政府经济管理的高额直接成本，以及政府有限理性带来的决策失误等“政府失灵”所产生的经济低效率这一巨额的机会成本。但就现实情况来看，我国市场经济极不成熟，还处于发展的初始阶段，经济规范化程度差，法制基础相当薄弱。面对这一现实，国家法律赋予政府对经济进行宏观的、决策性干预的职权，是十分必要的。因此，强化政府法制建设，确定政府的法律地位、权限和职责范围，既要反映我国市场经济发展的基本规律，体现政府职能转变的精神，又要从现实出发，不能照搬自由资本主义时期的“政府法治主义”。在市场经济发展的现阶段和政府职能范围内，政府法制保证政府应拥有不可动摇的绝对权威，这同样也是市场经济建立和发展的内在要求。

(2) *发挥协会作用*　党的十八届三中全会特别强调：“正确处理政府和社会关系，加快实施政社分开，推进社会组织明确权责、依法自治、发挥作用。适合由社会组织提供的公共服务和解决的事项，交由社会组织承担。支持和发展志愿服务组织。限期实现行业协会商会与行政机关真正脱钩，重点培育和优先发展行业协会商会类、科技类、公益慈善类、城乡社区服务类社会组织，成立时直接依法申请登记。加强对社会组织和在华境外非政府组织的管理，引导它们依法开展活动。”充分发挥林业产业协会在林业产业发展、技术进步、标准制订、贸易促进、行业准入和公共服务等方面的桥梁纽带作用。抓紧开展森林经营认证、林产品进出口和国内产销监管链认证，鼓励和促进林业企业通过 ISO 9000 质量体系和 ISO 14000 环境质量等认证；配合政府，对林产品进口进行非政府行为的行业协调，受政府委托对国内应淘汰产品，通过组织制订、实施行标和实施监管进行清理整顿；在政府指导下，组织应对反倾销、反补贴等国际贸易摩擦，及时反映行业情况和问题以及企业诉求，引导企业落实产业政策，加强行业自律，促进林业产业调整与振兴。

(3)*政府、协会、企业实施联动* 随着我国经济贸易走向世界的步伐加快，以及近年来林产品国际贸易中出现的问题，进一步加大林产工业国际交流与协调力度更为重要。林产工业协会将与企业一起致力于建立与国际标准接轨的行业标准，使企业产品的各项指标符合国际标准，提高产品的国际竞争力；加强与世界自然基金会等国际组织建立良好的合作关系，为我国林产品的出口认证等创造条件；进一步加强国际交流与合作，包括适时组织企业赴重点林产品贸易区域考察、邀请国际贸易大国及其企业来华交流，开展专项经贸论坛等。

以质量体系建设为例，政府、协会、企业积极实施联动。我们将积极协调各方面，促成国家有关部门召开全国林产品质量大会，与政府部门、质检机构分别从不同角度共同推进质量管理。协会也将会同全国木材标准化委员会、全国人造板标准化委员会等标准化管理部门共同就强化林产工业行业标准化、需要修订调整的标准和出台新标准等做好配合工作，通过标准来规范企业生产。

第二部分

主题报告

破解林产品国际贸易技术性壁垒分析

中国已经成为世界主要林产品贸易国。2017 年全国林业产业总产值达 7.1 万亿元，林产品进出口贸易额达 1500 亿美元，继续保持世界林产品生产、贸易、消费第一大国地位，为满足市场需求、推动绿色发展、促进就业增收作出了重要贡献。自加入 WTO 以来，中国林产品出口产品结构不断优化，产品的加工程度不断提高，但同时面临的技术性贸易壁垒问题也越来越多并且不断升级，技术性贸易壁垒具有隐蔽性强、透明度低、监督和预测难度大等特点。随着中国经济的发展和在国际政治中地位的不断提高，政府主管部门和相关企业应以积极的态度面对各种技术性壁垒，需要寻求有效途径提高中国林产品国际竞争力。

一、林产品国际贸易技术性壁垒

(一)技术性壁垒的类型

技术性壁垒是非关税壁垒的一类，它以技术为支撑条件，即商品进口国通过颁布法律、法令、条例、规定、建立技术标准、认证制度、卫生检验检疫制度、检验制度、检验程序以及包装、规格和标签标准等实施贸易进口管制。

从 20 世纪 90 年代，世界各国在产品质量管理、环境管理、产品安全等方面制定了各种标准和法律法规。虽然联合国和各种专业技术组织充分考虑各国的情况，在充分协商的基础上制定了具有国际通用性的标准，如 ISO9000 质量管理标准，ISO14000 环境管理标准等。但世界各国的经济和社会发展状况有较大的差异，各种技术标准等的差异构成了相应的技术性壁垒。其中资源管理、环境管理、食品安全等方面的技术发展构成了新型技术性壁垒，对于中国的林产品国际贸易具有较大的影响。

目前中国林产品贸易中遇到的主要技术性贸易壁垒问题包括：美国雷斯法案；欧盟木材法案；有害物质含量；安全性能、防火性能要求；强制性认证制度和绿色壁垒等。近年来，森林认证是中国林产品国际贸易面临的最有影响的技术性壁垒之一。

(二)中国林产品在国际贸易中遭遇的壁垒案例

1. 中国林产品在美国市场遭遇壁垒案例

1998 年 9 月，美国要求所有来自中国的木制包装以及其他木质材料均必须附有中国出入境出具的检验检疫机关证书，这使得中国 1/3 以上的对美出口产品受到了影响。

1998 年 9 月中旬，美国农业部指出中国出口林产品的包装使用了未经处理的木材原料，致使原料将亚洲的长刺蜂带进美国境内，给美国生态环境和人体健康带来危害。

就该问题向中国发出为期 90 天的最后通牒，要求中国出口商必须在此期间内改换包装，否则 1998 年 12 月 17 日以后将禁止该商品进口到美国。

2005 年 7 月 1 日，中国 17 家木质地板生产企业在美国被投诉，美国企业称中国向美国市场销售的部分复合木质地板，侵犯了美国三家企业拥有的相关专利权。

2008 年 4 月 16 日，新泽西州新沃克联邦陪审团根据《濒危物种法》以及《反走私法令》对一家中国家具公司提起上诉，起因是该家具公司进口了一集装箱的白木婴儿床，而白木是列入 CITES 的濒危树种。结果产品被没收，受到指控的公司负责人被关押，并且个人及公司需要承担几十万美元的罚款。

根据美国《雷斯法案》，若有中国企业受到使用非法木材指控，企业、甚至企业负责人都将面临很大风险。《雷斯法案》在中国开出的第一张罚单是对上海的一家台资企业罚款 4 万美元。

2. 中国林产品在欧盟市场遭遇壁垒案例

1999 年，欧盟对中国出口到欧盟的木质包装采取紧急措施，具体要求为：出口木质包装不得带有树皮；不得有半径大于 1.5 毫米的虫蛀洞；木质包装必须经过热处理。据当时的估算，仅该次紧急措施，影响了中国 70 多亿美元的对欧出口贸易。

2006 年，厦门个别石材企业由于未在木质包装标签上加贴 IPPC 标志（检疫除害处理标志），而导致德国方面先后烧毁了厦门口岸输出的 7 个批次货物的 233 件木质包装。

2006 年初到 2007 年 1 月近 13 个月的时间里，欧盟对中国木质包装发出的违规通报中涉及佛山的违规通报达 27 次，共涉及 7 家佛山企业；输德蝴蝶兰木包装缺少 IPPC 标识 1 次；输往希腊的木质托盘不符合木质包装要求 1 次；输往拉脱维亚的木质托盘不符合检疫要求 21 次。在违规通报后，或改变木质包装，或对欧盟进口企业给予赔偿，对中国出口企业带来了严重影响。

二、林产品技术性贸易壁垒类型分析

（一）产品技术标准

近年来，发达国家凭借其雄厚的经济实力和先进的技术优势，通过国内立法和制定区域性环境标准，以保护环境、保障人类健康和安全、保护动植物健康和安全为由，不断提高标准，限制别国产品进入。对中国林产品出口来说，主要是人造板和家具的技术标准越来越高。

1. 有害物质的含量

砷、苯酚、铅、铬、汞等物质含量。2003 年 1 月 6 日欧盟通过了《关于限制经过砷防腐处理的木材进入市场的指令》。指令明确了从 2004 年 6 月 30 日起，输往欧盟的木材及木制品除 CCA（加铬砷酸铜）外，不得使用其他含砷防腐剂。因此，欧盟颁布该指令后，一方面会使一些用含砷防腐剂处理木材和木制品的厂家由于达不到标准而无法出口，另一方面会增加企业的生产成本，降低产品在国际市场的竞争力。同时，美国制定了环保署法规 EPA，2060 - AG52，EPA74.30 等，规定了油漆中重金属的含量限量，要达到这一要求，必须使用高质量的油漆。但我国有许多出口企业普遍使用低质量、重金属含量高的油漆，这必然会影响我国木制品的出口。

甲醛释放量。甲醛释放限量等级的环保标准分 E0、E1、E2，最初 E1、E2 这两个标准产生于德国，由“EGGER”制定，之后引作欧洲标准。E0 则产生于日本，是要求最严格的环保标准。2010 年 7 月 7 日，美国正式签署《复合木制品甲醛标准法案》。该法案已于 2011 年 1 月 3 日生效，并分阶段实施。该法案是美国历史上最为严格的甲醛限量标准法案。以刨花板为例，我国现行国家标准是参照欧盟限量标准制定的，其甲醛释放量不得超过 90 微升/升，而美国新法案规定的刨花板甲醛释放量在 2011 年 7 月 1 日后不得超过 0.09 微升/升，整整高出我国标准 1000 倍；带单板芯的硬木胶合板甲醛释放量不得超过 0.05 微升/升，中密度纤维板甲醛释放量不得超过 0.11 微升/升。特别的，按照法案规定，从 2012 年 7 月 1 日起再次提高甲醛限量标准：带复合芯硬木胶合板甲醛释放量不得超过 0.05 微升/升，薄身中密度纤维板不得超过 0.13 微升/升。面对新的形势，我国许多板材加工企业没有具体应对措施，大量使用低成本、高甲醛含量的胶粘剂，生产出来的人造板产品甲醛含量超标。

2. 安全性能、防火性能的要求

美国对进口家具，主要是成人床和儿童床，从保护身体健康的角度，制定了生产床的严格标准。联邦条例守则 Tide16C. F. R 对双层床的要求进行了规定，其中 Parts1213 为，双层床潜在危险之安全标准，说明了成人使用双层床的规定，Parts1515 为双层床的基本规定，说明了小孩使用双层床的规定，Parts1500. 18(a)说明如果没有达到 Parts1515 规定的双层床，是禁止小孩使用的。欧盟和美国都有对软体家具的防火阻燃性能的要求，欧洲委员会于 2002 年 1 月 15 日发布了 20ol/95/EC 指令，指令对软体家具的防火安全性能作了规定。美国的联邦法规 CFR46Partsll6 对软体家具的防火阻燃性能也作了规定。

3. 化学品的要求

2007 年 6 月起，欧盟开始实施《关于化学品注册、评估、授权与限制制度》(REACH)。REACH 制度旨在减少化学品对劳工、消费者和环境的危害，强调工业界的责任，包括制造商和进口商都必须提供相关化学品安全性信息，对化学品危险性的管理负起更大的责任。

主要内容包括：①注册：对目前正在广泛使用和新发明的化学品，只要其产量或一次进口量超过 1 吨，其生产商或进口商均须向 REACH 中央数据库提交相关信息。②评估：要求主管机构认真审查产业提供的数据，并参照产业的建议，按不同物质制定符合该物质特性的检测计划。③许可：对应引起极大关注的物质或其成分，如致癌、诱导基因突变或对生殖系统有害的物质等，政府主管机构应对其按某一用途的使用方式在风险评估的基础上给予具体授权。

尽管 REACH 制度对产自或进入欧盟市场的化学品要求进行注册、评估和许可，是以经济、社会和生态可持续发展为目标，有利于实现人类健康和环境保护，但是它对欧盟以外各国和地区来说，提高了进入欧盟市场的门槛，是一道新的技术性贸易壁垒。

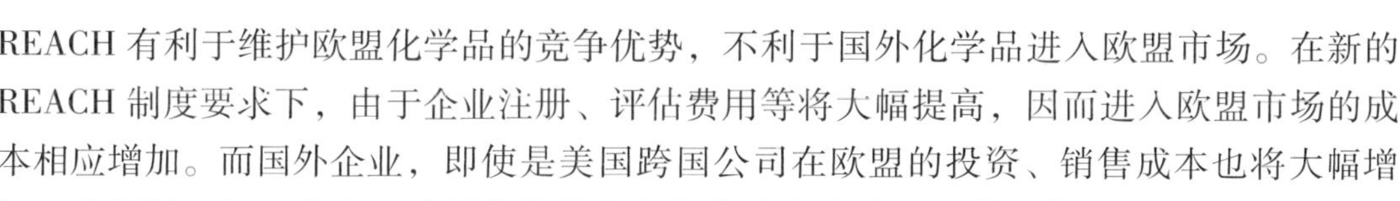

REACH 有利于维护欧盟化学品的竞争优势，不利于国外化学品进入欧盟市场。在新的 REACH 制度要求下，由于企业注册、评估费用等将大幅提高，因而进入欧盟市场的成本相应增加。而国外企业，即使是美国跨国公司在欧盟的投资、销售成本也将大幅增加。在国际市场竞争中，欧盟化学品的竞争将越来越处于有利地位。

中国家具制造行业作为直接应用化工产品的相关产业，受到冲击不可避免。

4. 检疫制度对产品的要求

绿色检疫制度主要是植物除害处理。联合国粮农组织（FAO）国际植物检疫措施标准（ISPM）对植物除害处理的定义为：旨在杀灭、去除有害生物或者使其丧失繁殖能力的官方许可的做法。其目的是为了防止有害生物的传入传出、定殖和/或扩散，或对这些有害生物实施官方控制。因此，检疫除害处理有别于一般的防虫灭菌处理，检疫处理是官方行为或官方授权的行为，是一种受法律、法规制约的行为，必须按一定的规程实施，并且达到一定的标准。

基于保护环境和生态资源，确保人类和动植物的健康，许多国家，特别是发达国家和地区制定了严格的产品检疫、检验制度。2000 年 1 月 12 日，欧委会发表了《食品安全白皮书》，推出了内含 80 多项具体措施的保证食品安全计划；2000 年 7 月 1 日开始，欧盟对进口的茶叶实行新的农药最高允许残留标准，部分产品农药的最高允许残留量仅为原来的 1/100 ~ 1/200. 美国食品和药物管理局（FDA）依据《食品、药品、化妆品法》《公共卫生服务法》《茶叶进口法》等对各种进口物品的认证、包装、标志及检测、检验方法都作了详细的规定。日本依据《食品卫生法》《植物防疫法》《家畜传染预防法》对入境的农产品、畜产品及食品实行近乎苛刻的检疫、防疫制度。由于各国环境和技术标准的指标水平和检验方法不同以及对检验指标设计的任意性，而使环境和技术标准可能成为技术贸易壁垒。

（二）木材来源技术标准

1. 美国《雷斯法案》对木材合法性的要求

美国《雷斯法案》是美国粮食、保护和能源法案（俗称“美国农业法案”）的一部分，一直以来是美国相关机构打击野生动物犯罪最有力的工具之一。美国《雷斯法案》修正案要求进口商提交木材原料的原产地，它的实施分阶段进行，第一阶段为 2009 年 3 月底前，出口商自愿申报；第二阶段从 2009 年 4 月 1 日起，出口商必须纳入电子申报系统，申报范围包括：木材和木制品、活植物和鳞茎；第三阶段扩展到木浆、纸和纸制品、乐器、家具等；第四阶段从 2010 年 4 月 1 日起，涉及的植物及产品进一步扩展。该修订案对非法采伐木材所生产的林产品提出了严格的处罚措施，一旦中国林产品出口企业受到使用可疑木材的起诉或调查，出口商与采购商将面临出口货物被没收，企业遭遇罚款，甚至企业负责人遭遇监禁的风险。

《雷斯法案》强调，只要违反世界任何国家的野生动植物资源保护及其进出口方面的法律，就算违反本法案。但世界各国对木材的种植、砍伐、运输、加工和销售，均有不同规定，而且有些规定还在不断变动中。同时，木材加工生产有个过程，对一些三五年前采伐的树木，或者经过多次周转的原材料，重新寻找当年的合法证明也有难度。比如地板行业，美国开始根本不承认我们砍伐证的合法性，后来在商务部、行业协会等相关组织谈判下，才最终承认。

目前对于什么是合法的、什么是不合法的、在中国本土是合法的，在美国不合法，是否应该尊重我国法律法规，并没有一个明确的答案，这样无疑使得所有出口到美国的木材及其制品受到一定程度的限制。美国雷斯法案2008年修正案表面是一种保护森林资源，限制非法采伐的一种工具，但实际上它已经成为了一种技术性贸易壁垒。

2. 欧盟《新木材法案》对木材合法性的要求

欧盟是中国木制品第二大出口市场。根据中国海关数据的统计，2008年中国出口欧盟的木制品占到中国木制品当年出口总额的23%。欧盟议会在2010年7月高票通过了《木材法案》(*EU Timber Regulation*)，并拟于2013年3月实施，宣告欧盟这个世界上主要的林产品市场，对非法木材贸易将采取严厉的打击措施。欧盟打击非法木材法案的通过，进一步导致中国木制品出口可能遭遇到“绿色壁垒”，必然会对中国的木材企业，尤其是出口型企业产生巨大影响。如果中国的企业到时候不能向欧盟提供足够的合法性证明，那么这项立法将会成为我国木制品出口欧盟的一道绿色壁垒。很多以出口欧盟为主的木制品生产企业可能失去他们的欧洲市场。

(三)评定过程技术标准

合格评定程序是指任何用以直接或间接确定是否满足技术法规或标准有关要求的程序，一般不会构成技术性贸易壁垒，但发达国家过于严格而又繁多的合格评定程序实际上已成为国际木材贸易中的壁垒。合格评定程序一般由认证、认可和相互承认组成，影响较大的是第三方认证。认证是指由授权机构出具的证明，一般由第三方对某一事物、行为或活动的本质或特征，经当事人提出的文件或实物审核后给予的证明，这通常被称为“第三方认证”。

认证可以分为产品认证和体系认证：产品认证主要指产品符合技术或标准的规定。其中因产品的安全性直接关系到消费者的生命健康，所以产品的安全认证为强制认证。欧盟对欧洲以外的国家的产品进入欧洲市场要求符合欧盟指令和标准(CE)；北美主要有美国的UL认证和加拿大的CSA认证；日本有JIS认证。体系认证是指确认生产或管理体系符合相应规定。目前最为流行的国际体系认证有ISO9000质量管理体系认证和ISO14000环境管理体系认证；行业体系认证有诸如QS9000汽车行业质量管理体系认证、TL9000电信产品质量管理体系认证等。

1. CE认证

按照欧盟规定，从2004年4月1日起，欧盟以外国家生产并在欧盟地区销售的人造板产品需要实行CE认证，要以CE认证规范欧盟市场。CE认证，就是要采用欧盟的标准进行质量检验，EN13986是欧盟CE认证的标准，欧盟人造板的标准和我国国家标准有相同之处，也有众多区别。同时，CE认证重视工厂质量控制(在企业自己实验室)，而不是送到质检部门进行外部检验。另外，在抽样数量和检验结果的表述方面，我国采用GB2828抽样检验方案，而欧盟采用EN326抽样标准；从抽样统计结果看，欧盟EN326比我国GB2828的置信概率高。我国是欧盟胶合板和地板等人造板的主要供应国，人造板 CE 认证对我国人造板出口欧盟将会造成较大的影响。

2. JAS 制度

JAS 制度，即日本的林业标准化管理制度，是基于日本农林水产省制定的《关于林产物质标准化及质量标识正确化的法律》(简称“JAS 法”)所建立的对日本林产品及其加工产品进行标准化管理的制度。任何在日本市场上销售的林产品及其加工品(包括食品)都必须接受 JAS 制度的监管，遵守 JAS 制度的管理规定。因此，JAS 制度成为日本林业标准化最重要的管理制度。JAS 标准覆盖的林产品种类包括：原木、锯材、胶合板、木地板、刨花板等。JAS 标准是自愿性标准，没有 JAS 标识的产品仍可以在日本市场上销售，不过，日本的消费者更信赖和喜欢经过合格评定的产品，而经过认证的企业更具有市场竞争力。

3. CARB 认证

美国加利福尼亚州空气管理署(CARB)关于木质人造板中甲醛释放量的法规(ATCM)要求自 2009 年 1 月 1 日起，进入美国加州的人造板必须经过 CARB 认证。其内容十分庞杂详尽，全文达 100 多页。这项法规的实施将对人造板业有着深远的影响。尽管这是在加州实施的法规，但由于美国其他各州并没有相关的法规，所以各州可能参照执行，实际上它有可能成为美国的一项联邦法规，甚至欧洲也将仿效，从而类似于欧盟的化学品法规(REACH)一样构筑起高高的“绿色壁垒”，可能改变整个人造板业及其相关产业如家具业、地板业等国际贸易的格局。截至 2010 年 2 月 6 日，我国有 401 家企业通过了 CARB 认证，在取得订单的同时，增加了企业的运营成本。

4. KS 认证

KS 认证是指依据韩国产业标准法第 11 条至第 13 条规定，对能够持续、稳定生产韩国工业标准(Korean industrial standards, KS)水平以上产品的企业，进行严格的审核，使其能够加贴 KS 标志的国家认证制度。它通过标准化的产品及技术的推广，促进交易及流程的简单化、透明化。该制度不仅能确保消费者的权益和公共安全，而且省去了国家、企业以及公共团体购买产品时进行的质量确认等程序，节省费用和时间，为国民经济发展做出贡献。对于国家机关、地方自治团体、公共机关以及公共团体进行采购或劳务调拨，以及国家合同指名竞标时，可优先购买获得 KS 标志的产品。

三、技术性贸易壁垒对中国林产品企业的影响

(一)出口下降，中小企业面临严重生存危机

2010 年 7 月，欧盟的新法案要求中国林产品出口企业追踪其木材原材料的采伐源头，而要想增加木材原产地的说明，对国内一些小企业来说程序繁琐而且成本高昂。但是如果没有提供木材原产地说明，出口产品将被拒。2010 年 9 月 1 日起生效的《雷斯法案》同样要求增加木材原产地的说明。这些法案的出台，使得目前国内不少林产品出口企业开始面临非常困惑与无奈的出口局面。中国林产品出口企业使用的木材多来自东南亚、俄罗斯等地，而这些国家供应给中国的原材料很多存在非法砍伐问题。如果中国生产商及出口商使用这种可疑木材来生产林产品，将面临货物被没收、被罚款甚

至被监禁的风险。而如果这些企业走合法的林产品来源信息获取程序，将导致经营成本、交易成本的提高，没有实力的中小企业极有可能被淘汰。美国《雷斯法案》修正案开始实施以来，中国林产品出口企业的困惑以及对未来的担忧不断。

甲醛限量标准提高增加了企业成本。人造板和家具等木制品是我市大宗出口商品，美国又是我国家具、人造板等木制品出口的主要目标市场。美国大幅提高甲醛限量标准对企业有很大的影响。一些中型板材企业没有具体应对措施，甚至有些企业表示"实在不行，我就不做他们的订单了。"但为适应美国要求，企业必须投入大量的资金、人力和设备，改善工艺、使用新型低毒或无毒环保胶黏剂，一定会增加产品成本；同时，美国法案限量标准的提高与认证检测，将导致延长产品进出口的通关时间，还会增加甲醛超标风险，导致被国外通报甚至被退运和召回。

(二) 出口产品结构转变，传统优势逐渐丧失

家具、胶合板、纤维板等都是中国出口创汇的大宗林产品，但是随着发达国家和地区对中国某些林产品的标准越来越高，中国企业必然会避开这些要求特别严格的林产品，而转向其他林产品的生产，这极大地影响了中国的林产品结构，对于中国过去优势产品的技术等方面也造成了很大的浪费。

(三) 出口区域转向新兴经济体，市场开发成本上升

中国林产品传统的出口市场主要有美国、欧盟、日本、韩国等，但是这些国家和地区对环境、健康较为敏感。随着国际上对林产品的环境要求越来越严格，中国面临的技术性贸易壁垒问题也日益增加。2008—2012 年中国林产品的出口数据显示，2008—2012 年中国出口美国的林产品占总出口量比例逐年下降，且下降幅度明显；出口到日本等国的林产品比例也略有下降。技术性贸易壁垒摩擦的出现致使中国林产品出口开始逐渐从环境敏感地区市场进入对环境要求比较低的市场。2012 年全年对新兴国家市场贸易状况优于发达国家。受美国整体经济温和复苏影响，新兴市场需求进一步企稳，尽管通胀压力犹存，但新兴市场整体需求向好迹象显著，2012 年 12 月对印度、南非、俄罗斯、巴西均有不同程度的提高，同比分别增长 26.6%、49.5%、13.7%和 56.4%。全年对新兴国家市场出口除印度负增长以外，对其他新兴国家市场出口增长均超过 10%。

(四) 产品成本上升，出口竞争力下降

技术性贸易壁垒的作用机理之一就是对产品价格的控制。首先，中国出口林产品要跨越发达国家设置的技术性贸易壁垒，必然涉及从生产到销售各个环节的监测与检验。它要求将卫生学、生态学、环境科学等学科的原理运用到林产品的生产、加工、储藏、运输以及销售的全过程中，从而形成一个从生产到销售的完整的无公害管理体系。而这一过程中所有步骤无疑都需要耗费相当高昂的成本。其次，中国出口林产品在流通过程中也将不得不越来越多地接受各种检验、测试、评估和技术鉴定等繁杂的过程，所有这些流程也都需要支付大量的费用。最后，出口林产品在包装、标签、广告等方面也都需要依照发达国家标准要求，做出更多适应性的调整。所有这些流程中的支出都直接导致中国出口林产品价格优势的流失，增加了企业经营的难度。除此之

外，企业还必须承担在技术性贸易壁垒摩擦出现时的经济损失。这种经营中产生的高成本和高风险无疑将大幅削减林产品出口企业的竞争优势。

2012 年林产品进口原料成本持续走高已经十分明显，而同时中国出口的主要林产品价格走势却相对平稳，原材料成本在 2012 年以来上涨很快，部分原木价格上涨了 20%，而终端产品的提价却非常艰难，出口价格的走势平稳再加上技术性贸易壁垒的限制，导致出口企业的利润空间一降再降。

四、应对技术性贸易壁垒的对策

技术性贸易壁垒问题是一个长期的问题，需要我们遵循可持续发展的战略思路，努力提高出口林产品的质量水平和国际竞争力，才能尽可能减少技术性贸易壁垒摩擦给中国带来的消极影响，需要政府、企业、行业协会群策群力，共同应对。

(一)企业应对技术性壁垒策略

1. 优化林产品质量

林产品出口企业要想最大限度地减少技术性贸易壁垒对其的阻碍，必须坚持以质取胜，依靠林业的科技进步，优化林产品质量、降低生产成本，才能从根本上提高中国出口林产品的国际竞争力，为了使出口林产品达到国际市场的标准，企业必须采取应对措施，积极提高产品质量。

目前中国出口林产品质量问题大多是由于生产过程中所使用的防腐剂、胶粘剂、油漆等的质量问题所造成的，中国木制品涂料的重金属含量通常较高也是由于企业使用了不合格的有色涂料，而这种涂料其实在色泽上很容易分辨，但企业为降低成本就选择使用不合格涂料。因此，林产品出口企业应该尽量使用安全、健康的材料。同时，要重视解决林产品生产、加工、使用和回收利用整个寿命周期中的环境问题，保证出口林产品的质量。同时，政府应该对从事新材料技术研究开发的公司、科研组织提供资金扶持，鼓励研究机构和生产企业开发和生产出符合国际标准的胶水、防腐剂、胶粘剂、油漆等，使林产品出口企业由于使用高质量的原材料，生产出符合国际市场技术标准的产品，也避免林产品出口企业因使用高质量原材而出现成本大幅增加，利润空间狭小甚至消失的局面。

2. 市场多元化

中国林产品的市场流向很大程度决定了中国林产品的国际竞争力水平，中国林产品贸易呈现高资源对外依存度和高经济对外依存度，随着技术性贸易壁垒摩擦愈演愈烈，尤其是雷斯法案修正案和欧盟法案的出台，很多中国林业企业难以出具原产地证明，在出口过程中非常被动，构建多元化的市场结构，能够帮助中国林业企业合理地分散风险，减少中国遭遇技术性贸易壁垒的阻碍。

中国林产品出口企业要积极采用多种方式实施市场多元化战略，首先对于较为成熟的发达国家市场，要进一步进行深层次的开拓；其次要积极开发新兴大市场，许多发展中国家和不发达国家的市场准入的技术性门槛相对较低，因此，针对不同的国家对产品的技术性要求不同的特点，中国企业应大力开拓新兴市场，努力提高在发展中国家和不发达国家的市场占有率；再次中国林产品要努力拓展暂时还不成熟的市场，中国劳动力价格相对低廉，产品价格具有一定的竞争优势，在非洲等落后国家和地区物美价廉的中国林产品具有很强的竞争力；最后中国也应该积极扩大内需，关注国内市场的旺盛需求，充分利用国内外两个市场，两种资源，实现国内外林业资源的最佳合理配置，提高中国林产品的竞争优势。

3. 制定品牌发展战略

打造具有市场竞争力的林产品品牌是中国林产品提高竞争能力的必然选择，中国林产品中虽然有一些具有一定优势的产品，但是大多都未形成规模生产和经营，有的甚至连品牌都没有，这样的产品，一旦新技术新标准出台，必然会受到层层检测，以致在国际贸易中会吃亏。

中国要想打造具有竞争力的林产品品牌，就需要提高林产品的科技创新能力，同时提高科技转化能力，把新技术运用于林产品的生产过程，做到人无我有，人有我优；同时企业要提高产业化程度、实现规模化生产和经营，中国要通过打造林产品品牌，来提高林产品的国际市场占有率和国际竞争力，并通过品牌效应来巩固和壮大自己的实力，实现在林产品国际贸易中占据主导地位的目标。

(二)政府健全应对壁垒保障机制

1. 构建中国技术贸易措施体系

作为发展中国家，在贸易过程中，中国应该充分利用WTO的特殊条款和非歧视性原则，向发达国家提出要求在一定时期内暂缓履行某些义务，为中国提高技术、改进产品赢得时间，在此基础上，中国要在严格遵循国际通行的市场规则基础上，制定并实行公开、透明、平等的技术性贸易措施体系，调整好中国林产品进出口贸易管理措施，为中国林业产业结构调整和林业科技发展创造良好的外部环境。

2. 重视林业科学技术

根据技术性贸易壁垒应对能力影响因素的重要性排序，可以发现重视林业科技的战略性地位是最重要的，目前中国出口林产品存在的问题有：产品技术含量较低、质量水平相对落后。导致这些问题的根本原因就在于中国林业行业整体科技水平低、科研创新能力差。因此，提高科技水平和自主创新能力，提升中国出口木质林产品的技术含量，促进林业产业结构的调整和升级，这才是中国林产品出口企业摆脱频遭技术性贸易壁垒摩擦的最根本最有效的途径。

技术性贸易壁垒摩擦出现的根本原因是国家间技术的差异，特别是发展中国家与发达国家之间的技术差异，提高中国林产品国际竞争力的决定性力量就是林业科技的发展和进步，中国只有提高本国林业行业自主创新和科研成果转化能力，才能为现代林业建设提供科技支撑。

政府应该积极开展各种类型的科技展示、示范和推广活动，切实推进林科教大联合和产学研相结合，大幅度提高林业科技成果转化为现实生产力的速度和水平，通过多种途径，实现中国林业行业科研转化能力的迅速提高，在提高科研转化能力的同时，中国也要注意林业产业新技术的知识产权保护，避免优势技术被国外窃取。

3. 建立技术性壁垒预警机制

在国际贸易过程中，国际相关组织或政府及其标准化机构会经常修改其所制定的技术法规、标准等，中国林产品企业，特别是政府部门必须及时掌握这些重要信息，并作对应的调整，建立技术性贸易壁垒预警机制，对贸易伙伴的环保信息、检验程序、指标体系、检测方法、技术标准等进行动态跟踪，及时做出准备、积极应对，以免因信息不畅而措手不及造成损失。

应该建立专门的技术性贸易壁垒信息收集部门，该部门主要负责时刻关注国际技术法规、标准和合格评定程序，并及时向上级部门进行通报，使企业了解国际市场的最新动向，从而做出合理的调整以及提出及时的应对举措，在预警体制上，特别要避免各级部门之间信息不畅的局面，应该建立相互连通而又高效运转的技术性贸易壁垒预警机制。

4. 完善林产品市场监管体系

中国林产品出口过程中遭遇国际技术性贸易壁垒摩擦，其中一个重要原因就是中国林产品缺乏严格的市场监管。林业产业市场监管体系，不是仅仅在商品销售过程进行监管，而是从原材料的生产、半成品的生产、成品生产、商品销售各个环节进行监管，要求对各个环节相关信息进行采集，并对产品加贴标识，同时还要对原材料到半成品、半成品到成品、成品到最终消费产品途中的运输进行监控，完善林业产业市场监管体系，首先需要建立一套完整的林业产业标准体系，加大林产品质量安全检测体系建设力度，推行林产品产地准出制度，其次要抓紧出台针对木材经营加工管理的法规，建立林产品市场准入制度，杜绝不合理的加工行为，在法规的指导下实现监管，最后还要进一步推进无公害林产品认证和森林认证，更好地应对国际技术性贸易壁垒问题。

5. 推进中国森林认证体系和国外体系互认

林业技术标准的制定、实施、检验检疫在林产品科技水平中的作用至关重要。目前中国林产品技术标准中首要的任务是推广森林认证制度，在中国林产品出口过程中，由于本国森林认证体系认可度低、影响力小，中国不得不通过国外组织进行认证，国际贸易过程中往往会受制于人。在多种标准并存的国际形势下，要冲破技术性贸易壁垒的阻碍，应该积极让本国的森林认证体系 CFCC 和国外 FSC、PEFC、SFI、ATES 等标准互认，才能在世界标准中占有一席之地，进一步促进中国林产品贸易长期健康稳定的发展。

6. 发挥相关行业协会作用

在林业产业中组建行业协会是实现行业管理的有效形式，中国的林业系统目前有很多的协会，其中包括：全国木材流通协会、全国建材协会、林产工业协会等，但是很多协会的职能作用并未充分发挥，有些行业协会尚未完全承担起所需承担的责任，自身存在很多发展瓶颈。

林业行业协会作为在政府和企业之间的桥梁，其基本职能就是协调政府和林产品出口企业之间的关系，在政府与企业之间发挥信息沟通和利益协调的中介作用；同时它还可以从政府方面获得技术性贸易壁垒方面的新标准、新信息，及时地与企业进行沟通，避免企业遭遇技术性贸易壁垒摩擦。另一方面，林业行业协会起着配合政府，制定技术标准法规或行规、在国际市场上维护林业出口企业利益的作用，林业行业协会可以通过汇总企业信息，或是与国外林业组织或协会建立定期或不定期交流，开辟获取有关国外技术性贸易壁垒的新渠道。

造纸行业林纸一体化发展战略

2004 年国家发展和改革委发布《全国林纸一体化工程建设“十五”及 2010 年专项规划》，正式提出我国要大力发展林纸一体化工程建设和具体政策措施。林纸一体化就是打破过去林纸分离的传统管理模式，以市场需求为导向、以造纸企业为主体、通过资本组带和经济利益将制浆造纸企业与营造造纸林基地有机结合起来，建设造纸企业和原料林基地相结合，形成以纸养林、以林促纸、林纸结合的产业化新格局，实现经济效益、生态效益、社会效益的统一，促进经济可持续发展。

一、我国实施林纸一体化的原因

1. 林纸一体化实施的必要性

首先，实施林纸一体化是缓解原料瓶颈的必经之途。全球木材的需求增长与供应不足，决定了我国必须实施林纸一体化工程。20 世纪人口、环境和资源的矛盾日益凸显，全球林地(含原生林和人工林)面积不断缩小，全球木材的供应呈递减趋势，造纸用木材需求还面临着与建筑用木材等其他用途木材的竞争。而造纸用纤维的需求将维持现有的增长态势，主要是因为发展中国家，尤其是中国的纸与纸板消费量的不断增长。总之，木材的需求不断增长，而供给呈递减趋势，若不实施林纸一体化工程将无法满足木材需求。

其次，实施林纸一体化有助于我国造纸企业降低成本，提高利润率。目前我国造纸企业的原木浆以国外进口为主，价格上也受制于国际纸浆市场。为了控制成本，我国纸浆结构中木浆所占比重始终未有突破，从 2000 年的 19% 到 2011 年的 23.7%，变化幅度较小。造纸行业为资本密集型工业，利润率只有 6%~8%，企业间竞争依靠扩产达到规模优势来降低成本。而林业为资源型行业，长期净利润率在 50% 以上，目前林业由于来自下游制浆业、建筑业和家具业的旺盛需求，加之木材成材周期性长造成的林业资源稀缺和木材价格的上涨态势，拥有林业资源的企业仍可获得超额利润。林纸一体化将产业链各环节结合在一起，从上下游一体化的角度，将我国造纸行业的竞争力由过去的依靠价格战和规模扩张来实现市场份额的扩大，提高到对原料林浆控制力的层次，使得企业的盈利能力显著提升，是促进造纸行业可持续发展的必经之途。因此我国造纸企业只有实施林纸一体化才能降低成本，提高利润率，增加行业的竞争力，缓解原材料瓶颈，保障产业的安全。

第三，实施林纸一体化工程可有效解决我国造纸带来的环境污染问题。我国制浆造纸行业不合理的原料结构是造成严重污染的主要来源。2011 年造纸工业废水排放量

382.2 亿吨，约占全国重点统计企业废水排放总量的 17.0%。其中草浆生产线有碱回收装置的产量仅占草浆总产量的 30.0%，草类制浆 COD 排放量占整个造纸工业排放量的 60% 以上，仍然是主要的污染源。要解决我国造纸带来的环境污染问题，必须增加优质长纤维的供给，提高木浆比重，淘汰落后草浆生产线，优化我国造纸原料结构。

2. 林纸一体化是顺应国际趋势

近年来，世界造纸工业技术发展迅速，由于受到资源、环境、效益等方面的约束，造纸企业立足在节能降耗、保护环境、提高产品质量、提高经济效益等方面，正朝着高效率、高质量、高效益、低消耗、低排放的现代化大工业方向持续发展，呈现出企业规模化、技术集成化、产品多样化、功能化、生产清洁化、资源节约化、林纸一体化和产业全球化发展的突出特点。

“林纸一体化”在国际大型纸业生产基地已经发展成熟。世界上主要的木浆出口国家如加拿大、瑞典和芬兰，已经建立了“林纸一体化”的产业链，形成了稳定的循环经济模式，木浆产量稳定。芬兰和瑞典等国通过几十年大面积营造人工林，促进了生态环境的持续改善，也使得本国很大程度上在业界掌控了产业发展的上游资源，在改善生态环境的同时成为名副其实的纸业大国。

因此，为提高我国造纸业的行业竞争力，顺应国际造纸发展趋势，促进造纸业可持续发展，必须加快林纸一体化的进度。

二、国内外林纸一体化发展模式分析

1. 造纸工业发达国家林纸一体化模式

造纸工业比较发达的国家，由于具有良好的政策环境和发展条件，大型制浆造纸企业和原料林基地以多种形式结合起来，形成一体化经营模式，使得林业和造纸业从互为消长转变为相互促进，依存发展。造纸工业较发达国家实施林纸一体化的模式主要有以下几种：

(1)造纸企业营造人工速生林基地　随着造纸业的迅猛发展，森林资源日渐匮乏，通过发展人工林来保证原料供给已经成了美国、巴西等各造纸发达国家普遍采用的做法。巴西的大型制浆造纸企业，多数是在建设之前就着手营造工业原料林，或者先用天然林和传统人工林，然后立即用造纸专用林来替代，以达到林纸同步发展的目标。目前率先实现林纸一体化的制浆造纸企业生产所需木材的 80% 左右由自己的原料林基地供应，基本保证了原料供应的稳定性和连续性。印度尼西亚由于地处热带，树木生长迅速，政府也推行大规模建立纸浆林计划以支持制浆造纸工业。人工速生林的发展为造纸业提供了充足的木材原料，促进了造纸工业的发展，同时保护了森林生态系统。

(2)私有林主形成联盟发展造纸业　有些私有林比重较大的国家或地区，私有林所有者组成了他们自己的森林工业联盟，为造纸工业提供稳定的原料来源。芬兰是一个木材资源十分丰富的国家，其中私有林占一半以上，国内私有林所有者组成了芬兰森林工业联盟，并与包括造纸企业在内的以木材为原料的企业签订协议，为他们提供木材原料，形成稳定的供求关系。瑞典的私有森林所有者也成立了自己的林产业协会，以推动除林木培植和采伐业以外的板材、纸浆、造纸、林产化学等工业的发展。

(3)林、纸及相关产业形成产业群体　“林纸产业群体”模式由芬兰首创，现已被各国普遍采用。由于林纸工业的快速发展，带动了与之相关的产业，从而形成了一个产业群体。该群体是木材、机械和专有技术的联合体，有造林、造纸、机械设备制造、能源供应、化学品生产、运输、印刷、咨询等公司以及相应的科研教育机构等组成，并以木材加工为基础，生产锯材、纸浆和纸产品等，以达到群体中的各相关工业同发展的目的。瑞典的制浆造纸企业经过多年的发展，也拥有自己的森林培育、制材、制浆、各类纸及纸板生产、化学品生产、运输和电力系统等产业，从而形成了一定的林纸产业群体。

(4)跨国林纸一体化　随着造纸企业规模的不断扩增以及本国原料来源和产品市场局限性的日益凸显，造纸大国的众多林纸企业纷纷在国外开辟市场，建设国外自有的原料林基地或林纸企业，使本国的林纸工业向规模化和国际化方向发展，既保证了本国企业和本国造纸业的发展，又保护了本国的森林资源、环境和生态。日本造纸行业开始纷纷在巴西、智利、澳大利亚等国大规模营造速生人工林，建立自己的林纸企业。

2. 我国林纸一体化模式

我国木材资源匮乏，造纸企业大都以麦草和废纸为主要原料，2011 年我国纸浆消费总量 9044 万吨，其中木浆 2144 万吨，非木浆 1240 万吨，废纸浆 5660 万吨，分别占纸浆消费总量的 23.7%、13.7% 和 62.6%。国际造纸工业纸浆消费总量中原生木浆比例平均为 63%，而我国木浆消耗中国产木浆比例一直仅为 7% 左右。以木材、芦苇、竹、蔗渣等纤维为原料造纸的企业不足 200 家，不合理的原料结构影响了产品档次和竞争力，而且污染严重，环保成本高。受制于木材资源的匮乏，造纸产业不得不从解决造纸原料的出路问题出发，寻求发展以非木材原料为主的造纸工业道路。而国际造纸企业的发展方向则是采用可再生的速生林为主要原料。近 30 年来，我国造纸工业逐步朝着林纸一体化的方向发展。但由于我国特有的国情，林纸一体化进程比较艰难，发展模式还不够成熟，需要进一步改进和更新，国内实施林纸一体化的模式主要有以下几种：

(1)行政干预前提下的林纸结合　自 1987 年以来，国务院逐年加大对林纸一体化工作的推进力度。在试点的基础上，连续出台了《关于加快造纸工业原料林基地建设若干意见的通知》《关于认真组织实施林业重点工程，加快生态建设的意见》《全国林纸一体化工程建设“十五”及 2010 年专项规划》等政策性文件。在上述政策的宏观指导下，部分地区采取了行政手段，将部分国有造纸企业资源和国有林场资源进行了资源整合，实行了林纸一体化。

(2)林业和纸业兼并重组与股份制改造　经过长时间的实践，我国逐步实行了林业和纸业的兼并重组与股份制改造，从而出现了由核心企业与合并方合作成立的林纸一体化企业，各方派人共同组成管理层，共同占有企业的所有权，并按出资额享受企业权益。

(3)营造自有人工林纸采林基地　我国是个森林资源匮乏的国家，天然林资源远远满足不了快速发展的造纸及其他相关行业的需要，人工营林就成了很多企业必然的选择。岳纸集团早在20世纪80年代就开始植树造林，在国内率先走出了一条“林纸一体化可持续发展造纸”的路子。

(4)与林农合作发展“定单林业”　建造自有速生林基地所需资金数额巨大，并不是所有造纸企业都能够承担的。因此，必须尝试着与林农集团或造林单位合作，签订合同保证原料来源，这也是我国可以借鉴的林纸一体化模式之一。

(5)引进外资发展林纸产业　与造纸发达国家的林纸业合作建造林纸集团，是我国发展林纸一体化的又一渠道。国外大型林纸企业看准了中国造纸业的发展潜力以及中国庞大的消费市场，都纷纷在中国抢占市场。例如，印度尼西亚的金光集团为了在中国缔造林纸产业链，在我国大面积建设原料林基地。芬兰的斯道拉恩索公司和芬欧汇川、日本的王子等公司也纷纷在中国“圈地”造林，发展林纸产业。

三、国内外林纸一体化发展的启示

前面我们对国内外有关林纸一体化的发展模式作了一个简单的对比总结，结合我国的实际情况，我们从中得到以下几点启示以供参考：

1. 林纸一体化不能只是“一体而不化”

从各国纸业的发展历史来看，纸业与林业是产业链中息息相关、相辅相成的环节，只有将造林、营林和林产业加工紧密结合起来，才能形成森林资源和林产工业持续发展的局面。当然我们说的这种有效的林纸一体化模式不能是林与纸的表面“一体而不化，结而不合”的外在结合。对于造纸企业来讲要把林业的发展作为自己企业内部发展战略的一部分，做到林纸完全的和谐与融合。

2. 林纸一体化可以有多种实施模式

由于环境和资源条件等因素的制约，各发达国家甚至是一个国家的不同发展阶段采用了不同的林纸一体化实施模式。我国也可以根据自身的自然资源、融资环境以及企业竞争力等内外部条件，走一条适合自己的林纸一体化的发展道路。

对于单个的公司来讲，资金雄厚或者融资能力较强的龙头公司可以建立自己的原料林基地从而实现原料的自给，有些公司也可以通过与农户签订收购合同的方式来锁定原材料成本，当然，后者对公司资金的要求比前者要低。实现林纸一体化的方式多种多样，具体公司可以结合自己的实际情况来实施不同的方案。

3. 林纸一体化建设离不开政府支持

企业和政府作为推动造纸业进程的主要力量，对林纸一体化建设起着关键性的作用。其中政府根据产业发展规划对遗留问题等出台有效的政策与措施，可以为林纸一体化创造良好的外部环境。

四、在我国实施林纸一体化的现实性分析

我国林业资源短缺。全国森林面积为2.08亿公顷，仅占国土面积的21.63%，人均森林面积0.152公顷，仅为世界平均值的25%。据全世界73个国家的不完全统计，

世界人均森林蓄积量为77.49立方米，我国11.07立方米的人均森林蓄积量与之相差甚远。我国是世界最大的原生纸浆和废纸进口国，2011年全国各类纸浆生产量7723万吨，同比增长5.53%；各类纸浆出口9.91万吨，同比增长22.35%。我国造纸工业未来的发展仍将很大程度依赖进口纤维原料。

在我国进行林纸一体化工程建设，首先要内外结合，利用国内外两种资源两个市场来造林，在全球范围内解决资源短缺的问题。中国国内适宜造林的地域有限，且林木的生长速度较慢，目前短周期阔叶材桉木、杨木等速生丰产林的轮伐期为6年，松木等针叶材的轮伐期为15年，远赶不上市场需求的增长速度。而且在中国推进林纸一体化工程的同时，国际纸业巨头纷纷以合资或直接投资等方式，加紧抢占我国广西、广东、海南等宜林地区，缔造自己在中国的产业链条，进军中国纸品消费市场。因此，只依靠中国的本土资源已不足以满足需求。

造纸产业发展政策明确提出支持国内有条件的企业到国外建设造纸林基地和制浆造纸项目。我国造纸企业可以选择国外的林业资源国家建立长期合作。如巴西、智利等南美林业大国，树木生长速度比中国快三四倍，机械化操作带来较低的砍树成本。如果我国企业到那里造林，既可解决我国的原料短缺问题，也可给合作方带来经济和环保的利益。在经济全球化的今天，中国本土的资源已经无法满足日益增长的需求，中国造纸企业必须在国内造林同时走出去造林，才能从根本上解决林的问题。

在我国实施林纸一体化工程建设，其次要因地制宜，根据各地区情况确定建设项目，处理好造纸林基地与耕地的关系，防止占用耕地，保护基本农田。

造林需综合考虑气温、降水等自然因素和社会经济条件。现在许多造纸企业开始在土地资源丰富的西部发展林纸一体化项目，如我国的广西、广东、海南等省都有条件开展大面积种植阔叶林，海南的可造林面积较大，但交通运输不够便利，广东大规模林地建设的成本比较高，而广西可供造林的荒山地较多。各地的自然条件和人口、劳力、耕地及工农业发展等社会经济发展要求都是进行项目规划的依据，需要加以综合考虑。

五、我国林纸一体化的实施进展及对造纸企业的影响

1. 我国林纸一体化实施进展

我国林纸一体化的进程取得比较明显的进步，许多大型造纸企业正在积极完善自身的产业链，建设自己的林木基地和自制木浆生产线。

据国家林业部门消息，近年来可提供用于造纸的林木资源迅速增多，“十一五”期间，造纸林基地达到4500万亩，在考虑轮伐与成材的时间后，预计可生产400万吨的木浆。2010年基本进入轮伐期后，我国造纸林基地可稳定提供5600万立方米木材，竹材1350万吨，可配套木浆生产线1300万吨以上，竹浆400万吨，在很大程度上减轻了对国际市场木浆的依赖，将最终彻底解决我国造纸工业原材料的瓶颈问题。

根据初步统计，近几年拟建的项目总规模达到300万~400万吨。可以预计，林纸一体化工程建设在未来相当一段时期，还是会有一定的发展空间。我们一定要坚持科

学、理性的规划建设，应认真考虑和充分利用国内、国际适合的环境，才能有效地、持续稳定地发展。

2. 林纸一体化给我国造纸企业带来的影响

短期看来，我国的林纸一体化发展虽已形成共识，但仍属于起步阶段。从2010年开始，由于欧债危机，国际经济严重下滑，对我国实体经济带来冲击，造纸行业也受到了较大影响。目前，我国造纸行业总体情况是供大于求，企业的经济效益不理想，因此企业对投资更加谨慎。另外，林纸一体化工程工期一般较长，短期内不可能为企业提供太多的自产木浆，国家现已批准实施的林纸一体化工程项目中，较大的商品纸浆厂项目并不太多，造纸用原浆也不一定能完全得到满足。

目前社会环境对制浆造纸工业的认识还有许多工作要做，特别是林纸一体化工程的建设。因为林纸一体化工程建设的主要目标是企业积极营造速生造纸原料林进行纸浆的生产。虽然现代制浆技术和工艺已经完全可以满足我国严格的排污标准，但社会的认知度还有差距。表现在相关国家和地方政府机构及社会对利用废纸等原料建设造纸工程是支持的，但对建设林纸一体化工程的看法基本是负面的。

从短期来看，耗时耗力的植林期是林纸一体化最大的瓶颈，近期内无法提升多数企业业绩，同时工程投入资金需求大，短期内将降低企业的资产收益率。从长远来看，造纸原料结构的不合理及供应不足的现状已经严重制约了我国造纸工业的健康发展。推进林纸一体化工程建设、逐步缓解原材料瓶颈将提升整个造纸行业的可持续发展能力，保障我国造纸产业的安全。林纸一体化正成为中国造纸企业发展的基本模式。

林产品质量信用体系建设

在林业产业体系中，林业产业处于相对优势的地位。林业产业企业的质量诚信体系建设与社会其他行业企业的质量诚信体系建设基本一致。但由于林业产业企业以木材为主的林产品为加工对象，其需要开展的质量诚信体系建设、质量信用报告编制与评价也有自己的特殊性。引导和推动企业加强诚信自律和守法经营意识有重要意义。

推动企业发布质量信用报告，是引导企业履行产品质量主体责任、建立质量诚信自律机制的重要措施，也是引导和推动全社会对企业履行质量责任情况进行监督的有效方式，有利于推动企业牢固树立“质量第一、诚信为本”的经营理念，有利于提高企业的质量诚信意识和质量法制意识，有利于企业主动向社会、消费者公开产品质量状况和质量承诺信息，接受社会监督。

一、背景与形势分析

1. 行业质量诚信体系建设、质量信用报告发布工作，目前在我国呈现出良好发展局面

一是执政党的重视引领和有力倡导；二是政府和行业协会的有力推动；三是社会力量的广泛参与与责任担当；四是企业作为质量信用建设的实施主体责任自觉、自律约束的不断加强；五是社会公众的广泛支持与监督配合。

现代社会是主体权责明确、公民高度自治、政府有限有为、社会力量有序发挥，社会事业协同发展、公信诚信规制化，充满协商、对话、妥协的多元共治社会。行业组织和第三方服务机构等社会力量协同政府、企业共同推进行业企业质量诚信建设，是社会管理创新、社会发展和谐的重要体现，是国家治理体系、治理能力现代化内在要求和重要途径。

质检总局等国家部委共同推动行业企业的质量诚信建设，得到有关行业协会、第三方服务机构等相关力量的积极响应，几年来的工作取得很大成效。目前许多全国行业协会都已组织本行业企业开展质量诚信建设工作，对促进企业提升质量信用管理水平、自觉履行质量信用，以及社会质量诚信建设的整体推动起到积极作用。

2. 要加强对问题的研究，在实践中不断总结积极探索解决问题的有效途径和办法

质量诚信建设作为国家治理的重要战略，要从国家和社会层面进行设计，与市场化融合，与法制化相衔接，成为社会治理的 ·种理念、文化和制度规范，满足市场经

济对信用的刚性需求。发挥其对经济社会健康运行和可持续发展的基础性保障作用。这个系统的推进虽然已上升到新的层面，但对于实践中面临的问题也要引起深刻重视。

质量诚信建设在整体发展上进程还比较缓慢，问题集中在缺乏法制意义上的系统规范。具体表现为质量诚信建设作为一项社会工程还有待进一步加强统一指导、协调与管理；配套政策滞后，质量诚信评价结果应当产生的市场价值没能得到应有体现。企业拿出成本做这项工作，但在市场准入、融资、税收以及相关政策支持方面没能及时见到实实在在的好处，激励约束效果未能充分显现，失信成本未能有效加大，诚信反而成为一种成本无形中相对提高，影响了企业开展质量诚信建设的积极性。同时，行业组织作为推动主体，法定职能、法律地位尚待进一步明确，工作还面临许多困难。

质量诚信建设本身是一个体系，包括质量诚信文化建设、诚信信息数据库系统建设、诚信履行的风险管控、质量信用输出过程管理，引入独立第三方评价机制、征信基础手段建设，以及特殊行业诚信建设特定要求等若干方面。就事物的单体特征而言，这个体系是相对完整的，但从问题产生的原因看，是由于过多地强调了事物自身的功能与特点，而在一定程度上忽视了事物更大的体系要求，这就是事物作为系统和过程的开放性。诚信评价的市场价值不能得到很好的推广与应用，造成诚信建设在广泛联系和开放发展中出现瓶颈与障碍。要求我们要以更宽阔的视野探索和研究诚信建设的体系问题。

3. 推动行业企业质量报告编制与发布的推广应用

解决好发展中的瓶颈问题，进一步认识到以政府为主导，社会系统协调配合共同努力的极端必要性。要看到质量诚信建设、质量信用建设是一项长期系统工程，党和国家正在采取一系列措施予以积极推进。一方面是调整经济结构、转变发展方式、中高速稳定增长，进入提质增效、升级发展、可持续发展的新常态；另一方面则是要重塑社会品格，提升社会运行发展质量，实现社会的全面进步。包括消化和解决快速增长时期带来的资源环境问题、一定程度上的社会道德滑坡与诚信缺失问题等，是一个综合提升阶段。社会质量信用建设将在这个时期与经济社会发展同步加强。

作为企业，要真正把握质量信用建设的内涵与作用，在市场经济面前经受住考验。质量信用是企业自身品格，更是企业健康成长的自我保障，具有影响社会、完善自我的双重意义。因此，企业必须把诚信经营作为安身立命之本。要以价值观、荣辱观教育为基础，以可持续为目标，加强诚信素质的自我培育。打牢员工诚信基础，把握企业家诚信关键，建立制度诚信保障，以企业自身信誉立足市场、优化环境、赢得竞争，获得可持续发展的良好经营局面；要坚信信用的市场价值将在不断的发展中充分得到体现，经受住复杂环境的考验；要强化可持续的诚信理念。树立诚信文化自觉，坚定诚信文化自信，激发诚信内在动力。统筹规划、科学管理、积极实践，真正实现信用责任与自身发展的高度统一。

作为行业组织，要积极发挥联系企业与政府、社会的桥梁纽带作用。开展好行业诚信与质量信用教育，推动政府政策完善，不断改进服务企业信用建设的外部环境与建设手段。结合行业特点，以行业诚信文化引领企业渡过发展难关。作为社会中介和第三方服务机构，要切实提高独立、公正、科学的资质禀赋和服务质量。按照市场化要求完善服务手段，有效实现结果的市场化价值链接。

二、编制企业质量信用报告的一般要求

（一）编制原则

《企业质量信用报告》编制的质量直接影响报告的使用价值，编制应遵循以下原则：

(1) 客观性原则　客观公布企业在报告期内质量诚信体系建设的基本情况，以确保社会对企业的质量信用状况进行公正的评价。

(2) 时效性原则　企业应及时、周期性公布其质量信用状况，以便接受社会的监督。

(3) 简便性原则　报告的信息公布方式和报告的内容应易于阅读者理解和接受。应采用简洁的语言，适当使用流程图、数据表和图片等形式。

(4) 可验证性原则　报告中公布的信息，其收集、记录、整理、分析和公布应经得起审核验证，以确保公布信息的质量。

（二）基本结构和内容

1. 报告前言

公布报告编制规范、企业高层致辞、企业简介以及报告目录等。编制规范包括报告内容客观性声明、报告的组织范围、报告时间范围、报告发布周期、报告数据说明、报告获取方式等。高层致辞是企业最高领导对企业产品质量责任和质量诚信的概括性阐释。企业简介简述企业的名称、所有权性质及总部所在地、主要产品和服务等。

2. 报告正文

描述企业在质量管理、产品质量责任、质量诚信管理等方面的理念、制度、措施以及取得的绩效等。

(1) 企业质量理念　主要从高层次、战略性的角度简要阐述企业质量管理、履行产品质量责任以及质量诚信体系建设等方面的理念以及企业的愿景，对消费者等各利益相关方的关注等。

(2) 内部质量管理　主要从企业质量管理机构、质量管理职责、质量管理体系的建立和运行等方面，描述企业的质量管理情况。

质量管理机构　主要描述由企业高层领导（通常是企业总裁、总经理、首席质量官等）直接负责的、企业内部最高层面的质量决策、领导和推进机构，包括企业高层管理者、中层管理者和员工等的质量职责和权限、激励措施等。

质量管理体系　主要描述企业质量管理体系的建立和运行情况，包括质量方针和质量目标，质量教育、质量法规、质量责任赔偿等制度，以及保持质量管理体系运行有效性和持续改进的机制等。

(3) 企业质量诚信　主要描述企业质量诚信管理情况，包括质量诚信管理和质量文化建设等。

质量诚信管理　主要描述产品设计、原材料采购、生产过程、售后服务等过程的质量诚信管理，包括企业将质量承诺、质量责任与所有员工进行沟通的机制等。

质量文化建设　主要描述企业如何围绕质量责任和质量诚信，开展质量诚信意识和质量法律意识宣传教育和培训等质量文化建设活动，树立“质量第一、诚信为本”经营理念的情况。

(4) 企业质量基础　主要描述企业产品质量标准、计量保证能力、产品和管理体系认证等情况。

企业产品标准　详述企业执行的产品标准和标准的水平，采用国际和国内先进标准情况，参与国家和国际标准制订、修订情况，以及加强企业标准化管理的情况。

企业计量水平　详述企业建立和完善计量检测体系和通过测量管理体系认证情况，定量包装商品生产企业是否取得计量保证能力评价证书所具有的计量检测能力和水平。

认证认可情况　详述企业取得的自愿性产品认证、强制性产品认证等产品质量认证情况，质量管理体系、环境管理体系、职业健康安全管理体系等情况，以及实验室认可的情况。

特种设备安全管理情况　详述企业建立安全管理制度、落实安全主体责任和各项安全措施、作业人员持证上岗等情况。

(5) 产品质量责任　主要描述企业的产品质量承诺、召回、“三包”等产品质量责任情况。

产品质量承诺　详述企业取得的生产许可资质，有关产品质量水平、售后服务质量水平的承诺或声明等。

产品召回情况　详述企业建立召回管理制度，对缺陷产品、不合格产品的召回情况。

“三包”责任　详述企业建立修理、更换、退货（三包）等产品质量担保责任制度的情况，以及履行“三包”等产品责任和义务的情况。

质量奖励　详述企业获得的政府质量奖等质量荣誉的情况。

(6) 质量风险管理　主要描述企业对产品售后服务质量的管理机制及实施情况。

质量投诉处理　详述企业的产品售后服务网点及便利可行的服务联系方式，企业受理和处理产品质量和售后服务质量投诉的情况。

质量风险监测　详述企业建立质量安全风险监测和分析评估情况，识别的质量安全风险点，建立的质量安全风险控制措施等。

应急管理　主要描述企业重大质量安全事故应急预案、重大质量安全事故主动报告及应急处理措施等。

3. 报告结语

主要包括企业对未来质量责任、质量诚信管理工作的展望，对报告的评价、报告参考及索引、读者意见反馈、专家评论等方面。

三、加强我国林业企业质量信用的几点建议

推动企业质量信用建设是一项浩大的系统工程，既包括宏观层面的又包括微观层面的；既包括企业内部，又包括企业外部；既包含道德范畴，又包含法律范畴；既包

括企业行为，又包括政府行为。所以发展企业质量信用必须从企业、政府和社会等多方面着手：

1. 企业要树立以人为本的科学发展观，建立和谐的价值观

随着社会经济、文明的进步，企业承担质量信用已成为不可逆转的潮流，也是企业竞争实力的根本体现。企业质量信用的发展是构建和谐社会的重要部分，构建和谐社会要求坚持以人为本的科学发展观，即以人为中心开展工作，把人才放在第一位，真正把人才作为发展与否、发展快慢的核心要素。作为和谐社会建设中的主力军，企业应当真正体现出以人为本，把以人为本的理念渗透到企业管理的每个角落。企业要强调一切以人为本，一切以人为核心，一切以人为目的，立足于人的素质的提高和积极性的充分调动，充分激发人的创业激情，充分发挥人的多样性创造才能，使企业的各项工作人性化、人文化和人本化，以实现员工生产安全、就业机会均等和薪酬公平等，实现员工与企业共同发展。

建立和谐的价值观，必须从企业的各方面入手。企业应该积极倡导诚信经营，主动拒绝生产假冒伪劣产品，不欺骗消费者，依法纳税，不偷税漏税，以促进社会的和谐发展。企业是资源消耗最大、最容易对环境产生污染的部门，保护生态环境，企业负有不可推卸的责任。因此，企业必须强化资源节约意识，增强资源节约的主动性和自觉性，走新型工业化发展道路，走出一条科技含量高、经济效益好、资源消耗低的工业化新路子。

2. 政府要尽快完善与企业质量信用标准相关的法律法规制度，发挥法律在强化企业质量信用方面的推动和规范作用

政府在市场经济发展过程中作为一只有形的手，有义务对企业提出质量信用方面的规范性要求，通过政策和法律等手段多层次多渠道地对企业加以引导。法律作为国家的一种强制性手段，具有崇高的权威，企业作为社会的一员，其行为也处于法律的监督之下。企业质量信用依靠国家法律强制力来执行，可使其获得社会的普遍认同，提高权威性，成为全体社会成员公认的原则，让企业的经营行为有章可循。企业作为市场经济的主体必须主动承担其对国家和社会应尽的法律义务，如缴纳税费、生产质量合格的产品、诚实守信等，也应当依法对国家、社会、生态环境、消费者、员工等利益相关者承担的市场秩序维护责任、经济责任、环境保护责任、消费者利益保护责任、员工安全与福利责任和对股东的责任等基本法律义务，这也是现代法治社会的基本要求，企业在这里承担的不仅是法律责任，更是其应尽的法律义务。建设企业质量信用不能只是寄托于社会道德规范，还必须依托法律加以强制执行。因此，政府必须制定和健全与企业质量信用相配套的法律、法规和政策，积极吸取国际上的新规定，在我们原有的立法基础上，对企业质量信用进行比较系统的立法，加快与国际接轨。

3. 要充分发挥舆论媒介、行业协会、非政府组织等相关机构的作用，加强社会公众的监督，建立良好的信息披露机制

实践证明，舆论监督以其发表的公开性、传播的快速性、影响的广泛性、揭露的

深刻性、导向的明显性、处置的及时性等特点和优势，可以迅速将人们的注意力聚焦，形成强势舆论，通过对社会舆论的引导，形成对企业质量信用问题的广泛关注。强大的社会舆论、鲜明的民心民意可让责任型企业一举成名，也可让无责任心的企业一落千丈，当然这在很大程度上需要大众传播媒介组成的监督子系统积极参与。就因为舆论监督具有极强的监督和控制功能，所以新闻媒体以舆论、宣传、教育影响和引导内外资企业的公众价值观和行为方式，可以预防和制止企业的越轨行为，实现对企业质量信用的有效监督，从而引导企业转变观念，朝着积极履行质量信用的方向发展。构建企业质量信用要充分发挥舆论媒体的作用、提高相关利益者的维权意识与行动能力，加强企业质量信用建设的宣传，加大对企业责任履行状态的信息传递，营造企业质量信用的氛围，逐步形成企业自觉承担质量信用的社会环境。

良好的信息披露制度在很大程度上能起到监督和制约的功能，建立信息披露制度可以加强企业履行质量信用的自觉性和主动性，有利于企业信息的公开透明。从西方国家走过的历程看，企业质量信用信息披露经历了一个由自愿性披露到强制性披露，再到自愿性披露和强制性披露相结合的发展过程。所以，我国必须加快相关法律法规的制定和完善，对企业质量信用信息披露作出强制性规定，从而推进企业质量信用的履行。

4. 借鉴和推行企业质量信用的国际标准，对质量信用标准进行本土化改造，建立新型企业质量信用评价体系

企业质量信用的评价体系应当成为一个国家企业是否承担质量信用及承担质量信用程度的价值标准，科学有序的价值评价标准是企业发展方向的指航标，它能够在一定程度上指引企业实现健康的可持续发展。我国目前社会上对企业的评价标准还往往停留在经济标准上，远远不能在社会经济全球化背景下提高企业竞争力。构建企业质量信用评价体系，最为重要同时也是最为基础的问题是企业质量信用评价体系的规范化问题。建设新型企业质量信用评价体系要从中国实际出发，通过研究和探索，制定出中国企业应当承担的质量信用的基本要素，建立起具有中国特色的企业质量信用标准，并以此作为企业质量信用自我评价和第三方评价的依据，从而规范企业行为，提高企业履行质量信用的自觉性和能力，为提升我国企业在国际市场上的竞争力创造条件。

5. 推动林业企业质量信用建设的措施

（1）认真实施贯宣工作　首先启动《企业质量诚信管理实施规范》国标宣贯师资和试点企业培训工作。邀请国家质检总局、中国标准化研究院领导与专家予以指导、培训。按照行业实际，建议人造板、木地板、木门、红木等作为国标宣贯的重点。

（2）发挥社会中介组织作用　按照国家质检总局办公厅关于做好《企业质量诚信管理实施规范》国家标准宣贯工作的通知要求，切实发挥社会团体、行业协会等第三方机构的积极性，协会将与国家质检总局相关部门、中国标准化研究院、中国经济报刊协会、中国产业网等机构合作，建立企业质量诚信管理培训和指导机制，帮助和支持参与宣贯企业完善质量管理体系，助力企业开展工作。

（3）开展企业质量诚信管理，深化品牌培育　在贯宣的基础上，全面推进企业开展质量诚信管理工作和深化品牌培育工作并使两项得到有机结合。按照策划、管理实现、检查分析、持续改进四个过程在企业产品生产生命周期建立质量诚信管理机制，实现质量诚信管理持续有效改进的有效性；引导企业将质量诚信管理导入品牌培育管理体系，增强培育能力。引导鼓励企业定期发布企业信用报告，推动企业强化诚信自律机制的建设。

（4）选树质量诚信管理标杆　分行业、区域深入调研，认真梳理总结、遴选提炼企业质量诚信管理的先进典型经验，重点树立质量诚信管理与品牌培育有机结合并取得成效的标杆。

（5）诚信管理工作与行业的重点工作相结合　将《企业质量诚信管理实施规范》国家标准宣贯与实施工作与配合政府职能转移、争取行业政策、服务行业发展、强化行业自律、培育林产品市场、品牌建设、维护企业国际贸易和谐化等行业协会重点工作相结合，并在实际工作中相互融合，共同提高。

（6）加大宣传和推广力度　要加强和各类媒体的合作，加大对质量诚信管理工作的宣传力度。要充分利用中国林产工业协会网、中国经济报刊协会及所属媒体、中国产业网、林产工业业内的各媒体加大对工作动态与经验、优秀企业、典型案例等方面的宣传推广。

装饰纸产业消费和市场需求

经过几十年的发展，装饰纸产品种类已经多达万余种，纹理、花色各不相同，经装饰纸饰面后的人造板，不仅表面花色丰富，美观时尚，视觉效果好，而且耐磨、耐热、耐划痕、耐香烟灼烧、耐污染等多种性能都优于人造板表面性能，对人造板有明显的保护作用，人造板经装饰纸饰面后，可满足多种场所的多种用途和不同消费者的需求。20 世纪 90 年代中后期我国首次出现规模化的装饰纸生产企业。目前，中国装饰纸产量、消费量已居世界前列。

作为传统人造板产业的升级产品，浸渍胶膜纸饰面人造板彻底解决了传统人造板表面装饰性的不足，而且环保性能好，价格优势明显，和涂饰、薄木饰面等其他表面处理方式相比，装饰纸种类多、时尚美观、低碳环保、性价比高，综合性能优势明显，广泛应用于板式家具、厨房家具、强化木地板、木质门、交通工具装修等领域。

一、我国装饰纸产业发展的社会经济背景

建筑装饰产业是装饰纸产业主要的下游产业。建筑装饰装修是装饰工艺技术与装饰材料完美结合的过程。建筑装饰装修产业的快速发展不仅带动建筑装饰装修工程企业的发展，同时为大批装饰材料生产企业提供了广阔的市场空间。

1. 经济发展及城市化进程促进了建筑装饰产业的快速发展

1990—2013 年，中国经济以年均 9. 7% 的较高速度发展，城市化率由 1990 年的 26. 40% 上升到 2013 年的 53. 70% 。中国城市化率水平如图 1 所示。这一时期，投入到基础设施建设方面的投资大幅度增长，尤其是包括住宅和各种商业、公共用房的房屋建设快速发展，对装饰装修产生了大量需求。

随着经济的高速发展，不仅我国城市、乡村居民居住条件迅速改善，而且商业、交通、教育、医疗、餐饮、会展等得到了快速发展，这些公共建筑工程的建设和使用，不仅增加了建筑装饰的市场需求规模，而且对装饰的质量、档次提出了更高的要求，推动了装饰行业整体水平向更高层次发展。2014 年，中国建筑装饰行业总产值达到 176713 亿元，2003—2012 年我国建筑装饰行业总产值及增速情况如图 2 所示。

2. 今后五年建筑装饰产业仍将快速发展

未来中国城市化进程仍将快速发展，每年将提高近 1% ，将有 1300 万左右的农业人口转化为城市人口，直接拉动建筑业需求 6 亿平方米以上。中国产业结构调整、工业化水平提高及新型工业的发展，需要更加先进的生产环境，也将带来巨大的工业建筑装饰装修需求。中国现有城市建筑面积 400 亿平方米，存量建筑的改造性装修需求

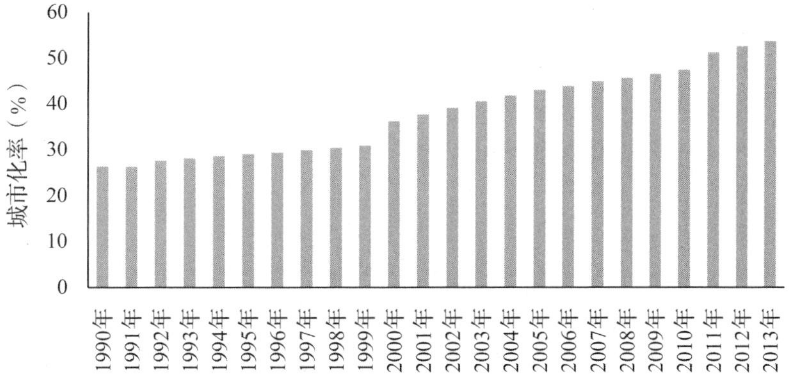

图 1　中国城市化率水平

（数据来源：国家统计局）

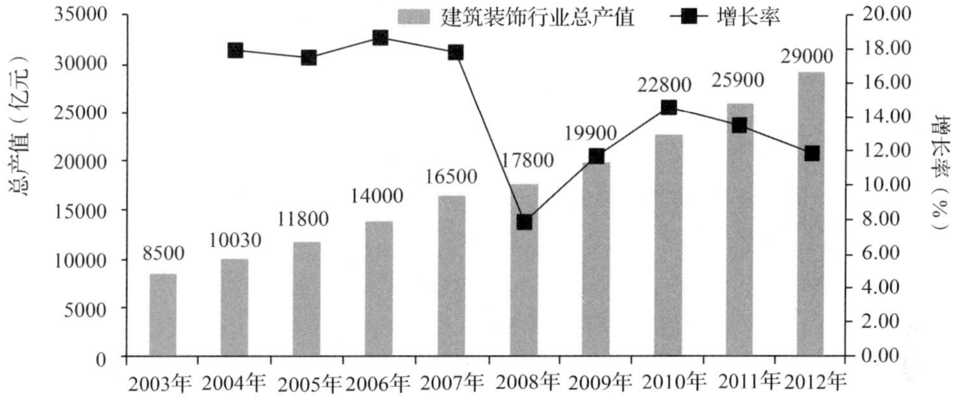

图 2　我国建筑装饰行业总产值及其增速变化

（数据来源：中国建筑装饰行业协会统计数据）

十分巨大。中国各级政府及有关经济组织具有较强的投资能力，在提高城市功能水平、特别是交通、市政等城市基础设施及“惠民生”的医疗卫生、教育、文化、体育等公共福利设施方面的投资将会增加，也将为建筑装饰业提供大量的发展空间。国家的房地产调控政策虽然将继续进行，但房地产作为国民经济支柱产业的地位不会改变。住宅开发建设中成品房、小户型、经济型住宅的比重会不断提高，将带动社会刚性需求的增长；高档商品房供应量的增长速度虽会放缓，但购房群体的经济实力水平会有很大提高，势必会减少成品房的空置，对住宅装饰装修市场起到强有力的拉动作用。随着经济发展和人民生活水平的提高，高档次、个性化住宅装饰需求会日益增长，配套服务的标准也会不断提高，由住宅装饰装修到包括家具、地板、木门、橱柜、壁纸等在内的整体家居环境营造的需求将会更加明显。

按“十二五”规划，建筑装饰行业规划 2015 年产值目标为 3.8 万亿元，比 2010 年增长 1.7 万亿元，总增长率为 81%，年平均增长率为 12.3%。这为我国装饰纸产业的发展提供了巨大需求。

二、我国装饰纸应用领域分析

1. 人造板

经过近几年的高速发展，中国人造板产量已经连续多年位居世界第一位。2013 年我国人造板产量达 27220 万立方米，同比增长 11%。随着世界对森林和生态环境的重视，保护天然林资源，将减少木材的供应，森林问题的政治化以及原木生产国进出口政策的调整都将使人造板发挥更大的作用。提高人居环境质量，需要更多的人造板产品；发展低碳经济需要利用更多的木质资料，人造板在资源利用和增加木质材料供应方面将发挥更大的作用。通过装饰纸对人造板进行必要的装饰加工，拓展人造板的应用范围，可以有效利用木质资源，减少不必要的浪费。

2. 家具

近十年来，中国家具生产呈现了高速增长的势头，年均产值增长超过 20%，年均出口增长超过 30%。家具生产企业数量不断增加，企业规模不断扩大，从业人员不断增加，人员素质不断提高，职业设计人员、职业管理人员队伍日益壮大。2001—2013 年中国家具行业工业总产值情况如图 3 所示。根据家具方面相关协会不完全统计，2013 年，全国家具行业规模以上企业 4716 家，实现主营业务收入 6462. 75 亿元，同比增幅 14. 3%。我国家具出口总额达 531. 01 亿美元，同比增长 6. 30%。板式家具产业的高速发展将为上游的人造板产业发展提供强大的发展动力，将会极大地促进装饰纸产业的发展。

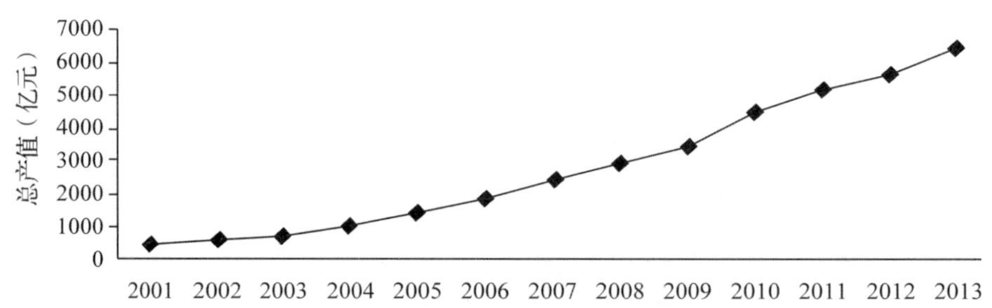

图 3　2001—2013 年家具行业工业总产值

板式家具是我国家具产业的重要组成部分，也是装饰纸在家具行业中的主要应用领域。板式家具以人造板和装饰纸为主要原料，可以高效利用木材资源，节约大量珍贵的硬木材料，有利于保护森林资源和环境。近年来，板式家具因其线条简练、色调多样、拆装方便和性价比高等优点广受消费者欢迎。中国板式家具的总产值占家具总产值的 60%，未来这一数据将保持持续增长趋势。

3. 浸渍纸层压木质地板(强化木地板)

20 世纪 90 年代起，我国地板开始进入工业化进程。进入新世纪以来，地板产业经历了持续多年高速增长的蓬勃发展期。2001—2014 年我国木地板产销量如图 4 所示。至 2014 年，全国各类从事木地板及相关企业超过 5000 多家，直接从业人口 100 多万，已成为世界木地板生产大国和出口大国。在我国加工贸易兴盛的长三角地区、珠三角地区、东北地区，形成了以南浔、中山、常州、敦化、安吉等为集群的实木地板、实木复合地板、强化木地板、竹地板产业集群。地板业涌现出一批在装备能力、技术水平和产品等国际竞争力方面崭露头角的品牌企业，出现了一大批以地板作为主导产品的大型企业集团，地板主营业务产值超10亿元的企业十多家。

我国地板业产品质量、技术工艺已经达到世界先进水平。地板行业通过15年的快速发展，木地板行业伴随着市场经济的浪潮，实现了“从小到大”、“从弱到强”的发展历程。我国地板行业已经发生了翻天覆地的变化，中国已经成为全球最大的地板制造国以及消费国之一。

强化木地板最早出现于20世纪北欧的瑞典，在高压三聚氰胺贴面板的基础上，由台板、计算机房地板等逐步发展演变。1977年由奥地利生产刨花板的“埃尔”公司与瑞典生产高压装饰板的“珀利”公司合作开发而成，随后在欧美国家迅猛发展。中国强化木地板从2000年开始规模出口；2006年，中国强化地板产量达到2亿平方米，2010年达到2.38亿平方米。2001—2014年我国强化木地板销量情况见图4所示。

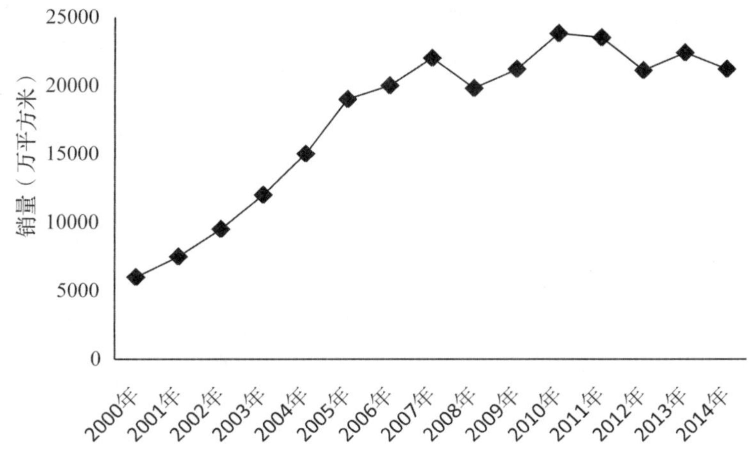

图4　2001—2014年我国强化木地板年销量

目前，我国从事强化木地板生产的企业约有1000多家。从生产基地的分布看，强化木地板产区主要分布在江苏、广东、上海、浙江、四川等地，年生产能力在100万平方米以上的企业有数十家。强化木地板是装饰纸的又一大应用领域，用量约占装饰纸总量的25%，中国强化木地板的未来潜力巨大，前景广阔，必将拉动装饰纸产业的发展。

4. 其他应用领域分析

(1)木质门行业　20世纪90年代后，我国人造板行业进行快速发展期，胶合板、纤维板、刨花板、集成材、细木工板、装饰板等被广泛地用于木质门的生产，木质门产品的整体结构设计和表面装饰工艺不断丰富，产品种类增加，表面处理形式多样，开发出实木复合门、木质复合门等产品。2000年后，我国木质门将处于快速发展阶段，木质门产品种类将进一步丰富，产品质量将进一步提升，整个产业向自动化、规模化、规范化发展。我国木质门行业发展十分迅速。我国木门行业产值从 2004 年的 170 亿元增长至 2012 年的 940 亿元，每年以新增 100 亿元左右的规模高速发展，是建材行业增长速度最快的行业之一。图 5 为 2003—2011 年我国木门工业产值情况。

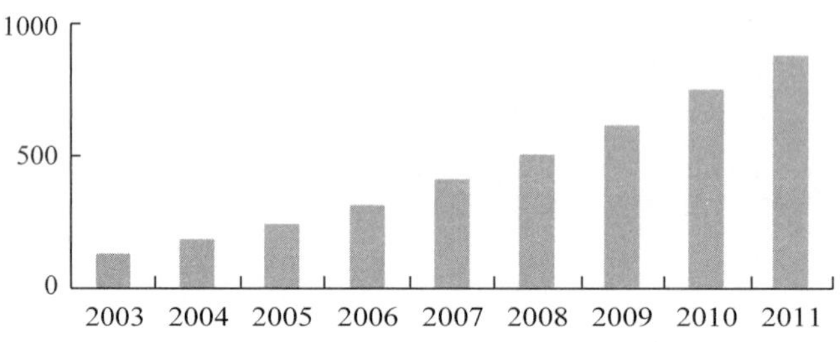

图 5　2003—2011 年我国木门工业年产值

（2）橱柜行业　我国橱柜产业是在 20 世纪 90 年代随着人们居住条件的改善起步并逐步发展壮大起来的。20 世纪 80 年代末之前，中国没有橱柜的概念，厨房中只有一些简陋设施。90 年代初期，板式家具兴起，家具五金普遍应用，进口高压装饰板开始应用于厨房家具，出现了简单的整体台面和橱柜组合。人造石出现后，其任意造型和无缝拼接的特性使橱柜的设计发挥到极致，加上厨房电气化，整体橱柜进入了普通百姓的生活。

2014 年 1—5 月，我国橱柜行业规模企业销售收入达到了 284. 50 亿元，同比增长了 29. 4%。2013 年，该行业规模企业销售收入达到了 752. 56 亿元，同比上年增加 26. 1%。近年来，增幅最快的年份是 2012 年。

（3）交通运输工具装修　随着中国交通领域的迅猛发展，浸渍胶膜纸饰面人造板、高压装饰板等产品在这一领域的应用增长十分迅速，主要应用在火车车体隔断、餐厅桌面、船只内部装潢以及交通工具中家具制造。这些应用环境对产品的抗拉强度、耐

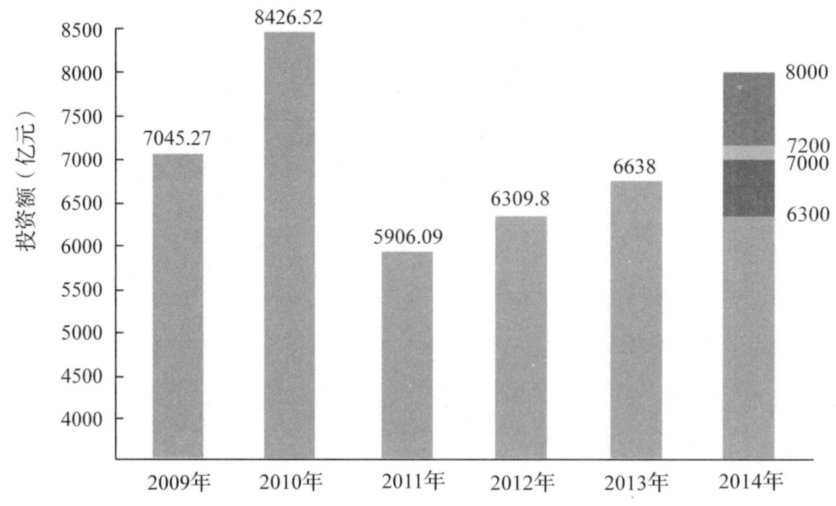

图 6　2009—2014 年中国铁路固定资产投资总额

开裂性能、滞燃性能、甲醛释放限量的要求较为严格。我国船舶制造业因成本限制较少采用高压装饰板，我国船舶用装饰板大多出口韩国、欧美国家和地区。

2009—2014 年中国铁路固定资产投资总额如图 6 所示，由此可见我国铁路行业的迅猛发展。我国运输机场数量将有更大幅度的提高。铁路、空港、船舶等领域持续、稳定的发展将拉动对装饰纸产品的需求。

(4)学校和医院、餐馆等装修　目前在国内院校、科研院所、各级医院、餐馆等特定环境的装修中大量使用浸渍胶膜纸饰面人造板产品、高压装饰板产品，主要应用在实验室台面、医院墙板、消毒室，需要高耐酸碱腐蚀、耐燃、耐污染性能的表面，易于清洁、具有较高耐水性的台面、隔断、挂墙板、门等，具有良好防潮阻燃性能的餐馆桌椅等领域。

三、主要消费地区分析

装饰纸主要的销售区域以华东、华南、西南为主，其中江苏、浙江、广东、四川等省需求量较大。

1. 华东地区

浙江地区装饰纸主要供给华东地区的强化木地板和板式家具企业，以浙江临安为中心，辐射浙江、江苏、安徽等省。浙江家具总产值和出口居广东省之后，居全国第二位。生产企业达 3000 多家，据浙江省信委和省统计局预计，2014 年当地全行业 4500 家企业全年将完成工业总产值 1600 亿元，家具出口 100 亿美元，实现利税近 90 亿元人民币。浙江南浔是我国木地板之都，强化木地板产量不断加大，大量消费装饰纸产品。

江苏地区主要供给江苏省的强化木地板企业和板式家具企业，以常州为中心，辐射丹阳、徐州等市场，同时产品亦销往上海、山东、河南等省。江苏常州是我国最大的强化木地板生产基地，被中国林产工业协会授予“强化地板之都”称号。同时，丹阳是我国最大的人造板生产企业大亚集团的总部，该地区有强化地板企业数十家，知名品牌如圣象、肯帝亚、宏耐等都是装饰纸产品的主要用户。

华东地区(浙江、山东、上海、江苏、安徽、福建、江西)是中国纤维板、刨花板生产第一大生产区。据统计，截至 2011 年年底，全国已有 695 条纤维板生产线，生产能力达 3891 万立方米，2012 年年初在建纤维板生产线 56 条，生产能力达 629 万立方米，合计年生产能力将达到 4520 万立方米，其中华东地区拥有纤维板生产线 290 条，占全国生产能力 42.4%。

2. 华南地区

广东装饰纸产品主要供给广东、福建等省，主要销售给家具企业。广东是中国家具生产第一大省，拥有家具生产企业约 6000 多家，从业人员 100 万。广东家具以出口为主，出口企业达 3000 多家。据广东省家具协会初步估计，2014 年广东省家具销售总值预计 3630 亿元，比上年同期 3390 亿元增加 7.1%，约占全国的 30%。全年出口 196.49 亿美元，比去年同期增长 12.6%，占全国家具出口额 33.8%。

华南地区(广东、广西、海南)是中国第二大纤维板生产区。该地区拥有纤维板生产线108条，生产能力达到602万立方米/年，约占全国生产能力的20.0%。

3. 西南地区

四川省装饰纸产品主要供给四川的板式家具企业，部分高档产品同时外销其他省市，如建丰等企业的耐磨装饰纸供给浙江和江苏高档需求客户。西南地区(四川、重庆、云南、贵州、西藏)拥有纤维板生产线57条，生产能力达到242万立方米/年，约占全国生产能力的8%。

四、我国装饰纸产业需求分析

我国城镇化进程的加快、商业建筑等的快速发展等因素将继续推动强化家具、橱柜、地板、木门等快速发展，从而拉动装饰纸行业迅猛发展。2011—2015年装饰纸产业市场需求预计年增长15%~25%。

1. 家具产业需求分析

低碳经济给板式家具带来了机遇，因为在各种材料的家具中，板式家具最具低碳经济发展潜力，市场潜力巨大。

(1)板式家具市场份额将进一步增加　板式家具深受年轻白领和家具企业的青睐。线条简练、色调多样、性价比高；拆装方便，能够在生产线上批量生产也是板式家具受消费者青睐的重要原因。板式家具符合当前资源节约型社会的需求，节约大量珍贵的硬木材料，有利于保护森林资源和生态环境。有数据显示，预计到2015年，全球环保产业的规模可达2.4万亿美元。在中国，环保领域的巨大发展前景也吸引来众多追随者，越来越多的企业在市场中寻找与环保有关的商机，生产环保性高的板式家具则是家居业的一个投资亮点。在未来几年，这类家具所占的比例会越来越大。

(2)家具消费观念正在发生改变　随着对居住环境要求的提高，人们在家具消费观念上，将会有全新的转变，从追求家具的功能性，逐步转向追求个性化、时尚化。家装建材的更新周期也正在逐步缩短，人们对家具求新、求变的理念是未来消费的主流。因而家具的更新速度亦会逐步加快，更新周期将由目前的15~20年缩短为4~8年。同时，绿色设计将受到重视，家具设计的出发点除了美观、时尚外，还要尽可能地减少不可再生材料的使用与消耗。板式家具的生产符合这一设计理念。板式家具作为装饰纸的重点应用领域，将为装饰纸行业发展提供重大需求。

2. 强化木地板产业需求分析

中国强化木地板有较大的潜在市场。中国的国内生产总值(GDP)年增长率仍将维持在7%左右，年新增人口1300万人，富裕高消费人群增加，中国处于城镇化水平提高最快的时期，房地产业已成为三大支柱产业之一。木材产品具有天然、绿色、环保、可再生及可循环的特点，完全顺应了这种消费趋势的变化。住房面积的扩大、装修标准的提高，必然会对木地板消费提出巨大需求，从而促进装饰纸行业发展。从以下方面可分析得出我国住房面积变化。

(1)城镇房　“十二五”时期，国家将进一步加大保障性住房建设力度，争取到“十二五”末，基本解决城镇低收入家庭的住房困难，改善部分中等偏下收入家庭的住房条件。2011—2015年间，我国计划新建保障性住房3600万套，其中2011年建设1000万套。根据测算，“十二五”期间我国平均每年城镇新建住宅竣工面积将超过9亿平方米。

（2）农村房　“十一五”期间，我国农村房建筑面积平均每年6亿平方米。“十二五”期间每年还要再改造农村危房150万户以上，每年建设面积将在7亿平方米以上。

（3）商业用房　商业用房是指各类商场、宾馆、饭店、写字楼等从事商业和为居民生活服务所用的房屋。“十一五”期间，我国每年建设商业用房面积7亿平方米以上；随着国家对个人购房的限制，商业用房将得到更快的发展。据估计，“十二五”期间，我国每年建设商业用房面积将在8亿平方米以上。

（4）二次装修　所谓二次装修，是指已经装修并入住的房屋经过几年的居住使用后，需要对房屋的局部或全部装修进行改造而产生的家装需求。家庭二次装修的需求将会越来越多，市场潜力巨大。“十一五”期间，全国主要城市二手房成交套数增长显著。“十二五”期间，目前全国超过50万人口的城市有180多个，按每个城市二手房成交5万套计算，全国每年二手房成交800万套，每套按75平方米计算，超过6亿平方米。据推测，2011—2015年，我国平均每年建设房屋面积24亿平方米左右，现有城乡住宅420亿平方米每年二次装修房屋面积大约6亿平方米，合计30亿平方米。按可进行地面装饰的面积占80%，木地板市场占有率25%计算，这将为木地板提供超过6亿平方米的市场需求，其中强化木地板大约占60%，约3.6亿平方米。

3. 其他行业需求

（1）木门、橱柜产业　2011—2015年，我国建筑面积按照30亿平方米来估算，按建筑面积100平方米平均需要6扇门计算，每扇门800元计算，大约需要价值1440亿元的木门产品；按建筑面积100平方米平均需要2.5延长米橱柜计算，每延长米800元计算，大约需要价值600亿元的橱柜产品。总体估计，2015年我国木门、橱柜市场大约2000亿人民币，这也说明木门、橱柜市场对于装饰纸产品存在巨大的需求空间。

（2）高压装饰板　近几年来建筑装饰装修行业的快速发展为高压装饰板产业带来了强劲需求，高压装饰板产业得到了迅猛发展。据估计2015年高压装饰板的产量将超过7亿平方米，对装饰纸产生较大需求。同时由于我国在原材料、劳动力成本、市场容量等方面的优势，国际装饰纸生产厂商纷纷在中国设立生产基地，这给中国装饰纸产业带来先进的技术、管理经验，提升了装饰纸的产品质量，使我国的装饰纸在世界市场具有较强的竞争力。国内国际市场的巨大需求，必将拉动我国装饰纸产业的高速发展。

森林康养产业发展的若干问题

森林康养是依托高质量的森林等林业资源，按照现代及传统医学的原理，所开展的对于疾病的预防、治愈和康复的所有强壮体魄、修身养性的活动的总称。森林康养是以林业为主体，涵盖农业、工业、旅游业、商业、医药、体育产业和健康服务业等相关产业的产业链。森林康养产业是林下经济的一项新兴的产业，也是林下经济的高端产业。森林康养是国家构建的大健康工程的重要组成部分，也是我国大健康服务产业中的一种新型业态。发展森林康养产业既是林业行业贯彻落实党的十八届五中全会关于"推进健康中国建设"决策部署，积极响应人民群众生态和健康需求，充分发挥森林资源独特优势，大力拓展森林多重功能，主动融入大健康服务产业领域的重要机遇和有效载体，也是我国林业实施"十三五"规划，推进供给侧结构性改革和林业产业转型升级，以及科学利用森林资源，推动生态扶贫的客观需要和路径选择。

森林康养工作对林业而言，是一项新兴的工作，现阶段仍然处于起步阶段。就全国而言，森林康养工作发展很不均衡。一些地方如北京、四川、湖南、浙江、贵州、新疆等认识早、取得了一些可喜的成绩和可以借鉴推广的经验；有的地方后来者居上，行动快，如重庆、山西、湖北等；一些地方行动迟缓，坐等观望；还有一些地方对此知之甚少，完全没有行动。已经开展森林康养工作的单位多数还处在探索之中。

一、目前已完成的基本工作

1. 各级林业主管部门的重视

国家林业和草原局对于森林康养工作非常重视。在国家《林业发展"十三五"规划》提出要大力推进康养产业。2016 年 1 月 7 日，国家林业局下发了《关于大力推进森林体验和森林养生发展的通知》。各地林业主管部门也相继出台了发展康养产业的措施。目前，北京、四川、湖南、贵州、浙江等地区都在积极发展森林康养工作，相关的政策和标准制定陆续出台，示范项目建设不断积极推进中。如：北京市政府常务会议明确提出将建设一批森林康养、森林体验教育、森林文化展示等试验示范区。2016 年 5 月 31 日，《四川省林业厅关于大力推进森林康养产业发展的意见》在全省正式印发。《意见》提出，到 2020 年，全省建设森林康养林 1000 万亩，森林康养步道 2000 公里，森林康养基地 200 处，把四川基本建成国内外闻名的森林康养目的地和全国森林康养产业大省；森林康养写进了《中共四川省委关于国民经济和社会发展第十三个五年规划的建议》《四川省养老健康服务业"十三五"规划》。

2016 年 12 月湖南省政府办公厅正式颁布了《关于推进森林康养发展的通知》，成立了森林康养产业发展领导小组，省林业厅编制了湖南省森林康养产业规划，现正积极稳妥、科学推进森林康养基地建设，制定森林康养基地的建设标准，规范森林康养的登记注册，保护森林康养品牌。

2. 成立了专门的森林康养机构

2015年以来成立了下述森林康养机构：2015年9月18日成立了中国林业产业联合会森林康养分会(原名：森林医学与健康促进会)；2015年10月17日中国林业产业联合会森林休闲体验分会(以下简称分会)成立；2016年3月25日，中国林业经济学会森林疗养国际合作专业委员会成立；2017年中国林场协会成立森林康养专业委员会；2018年中国林学会成立森林疗养专业委员会；2016年5月13日，四川省绵阳市成立了全国第一个地级森林康养协会；2018年山西省林业厅成立了山西省森林康养投资公司；2018年吉林森工森林康养产业投资集团公司成立。

3. 国务院及相关部门对有关森林康养工作的政策、规划及标准

国务院及相关部门制定了下述有关森林康养工作的政策、规划及标准：中共中央、国务院2016年12月31日发布的《关于深入推进农业供给侧结构性改革加快培育农业农村发展新动能的若干意见》，提出大力改善森林康养公共服务设施条件；2015年11月国土资源部、住房和城乡建设部、国家旅游局联合下发(国土资规〔2015〕10号)《关于支持旅游业发展用地政策的意见》，提出农村集体经济组织以外的单位和个人，可依法通过承包经营流转的方式，使用农民集体所有的农用地、未利用地，从事与旅游相关的种植业、林业、畜牧业和渔业生产；2016年1月，国家旅游局发布《国家康养旅游示范基地标准》《国家人文旅游示范基地标准》《国家蓝色旅游示范基地标准》《国家绿色旅游示范基地标准》4个旅游行业标准，推动康养、人文、蓝色、绿色等旅游示范基地建设；2016年11月教育部等11部委发布《中小学生研学旅行的指导意见》，提出青少年自然教育，让孩子换种方式在大自然(包括森林)中轻松接受教育；2016年2月湘政办发〔2016〕97号《湖南省人民政府办公厅 关于推进森林康养发展的通知》；2016年5月川林发〔2016〕37号《四川省林业厅 关于大力推进森林康养产业发展的意见》。

4. 林业行业编制了相关标准与规划

林业行业编制了下述相关标准与规划：

2018年2月国家林业局5号公告发布《森林康养基地总体规划导则》《森林康养基地质量评定》，由国家林业局林业调查规划设计院与中国林业产业联合会森林康养分会联合起草；2015年12月，启动《四川省森林康养“十三五”规划》的编制；四川省林业厅通过四川省技术监督局申报2016四川省地方标准《四川省森林康养基地建设标准》；《四川省森林康养基地评定办法》(实行)2017年3月颁发；贵州等省也编制了森林康养“十三五”规划和建设标准。

二、值得借鉴的做法和经验

1. 与医药融合的森林康养

(1)概述　森林康养与医药业结合是非常重要的。森林康养工作与医药业的关系十分密切。开展森林康养必须拥有足够的医药知识、技术和人才，而这方面正是我们林业行业的短板。因此，发展森林康养需要医药系统的介入和融合，这样可以很快将森林康养产业带起来。

(2)兴建森林康养医院　四川省“十三五”期间，兴建森林康复医院，并推动林业医院、华西医院、省人民医院、省中医药管理局等开展森林康养的特色医疗服务，提高医院慢性病人的转床率，合理有效地利用城市医疗资源。林业部门与省康复医院合作开展森林康养活动中的康复治疗技术的研究。四川玉屏山和省林业医院达成合作意向，依托玉屏山森林康养基地和林业医院在成都的中心医院的医疗服务体系，建立全国第一个森林康养城市接待中心，在社区医疗服务人群中开展森林康养。

(3)与医药企业联合　湖南湘雅未名健康管理有限公司，由北大未名生物工程集团有限公司与中南大学湘雅医院、湖南省林业科学研究院合作成立的一家“健康服务、健康养老、健康保健、健康科技、健康生态”为一体的企业。企业位于湖南省林业科学研究院试验林场内。公司先期投入了近亿元的资金对森林环境与设施进行改造与升级，铺设了5公里的森林步道，建立了观光、运动休闲公园1500亩。现已建成湘雅未名健康管理中心培训基地，由8栋别墅式建筑组成，包括健康体验中心、运动保健康复中心、森林康养营养馆、细胞医学转化中心、森林康养技术交流中心等，并配备国家一流的医疗检测设备。通过闭环式健康管理模式，聚焦营养干预、健康体检、移动健康管理、医学运动康复、基因检测、专家咨询门诊、国际医疗服务等实现森林康养。业务运营由中南大学湘雅医院负责。除该医院专家驻基地多点执业外，现有执业医务人员35名。

(4)发展中草药种植　中草药种植与森林康养工作密切相关。大兴安岭加格达奇林业局利用大兴安岭独特的森林和气候资源兴办中药材种植产业，现已建成寒温带地道药材种质资源圃和寒温带地道药材种植基地1500亩，培育了赤芍、防风、苍术等地道中药材100多个品种。培育金莲花苗1200万株，免费向职工发放600万株；开发野生药材食材“藁本”、“老山芹”饺子等地域性特色美食；开发苕条蜂蜜、金莲花茶饮、百泉谷特制酒等特色旅游商品。现已有1850名职工参与到与森林康养有关的产业活动，人均增收1.15万元。

四川省利用中医药资源发展森林康养产业，四川自古以来便是“中医之乡，中药之库”。四川为了发展森林康养产业，积极发展中药材种植业。由中医药龙头企业提供管理和市场，林业科学研究院提供种植技术，林场提供基地和人工，积极推广中药材种植，形成林下中药材种植全产业链。

2. 与旅游融合的森林康养

(1)概述　森林康养要以森林旅游为先导推进工作，森林康养是森林旅游的“升级版”。森林旅游单位也应在现有框架机构下顺势推广森林康养。

能够开展森林旅游的单位，一般已经具备了吃、住、行、游、娱和文化、体育等条件，只需再增加保健、医疗等设施，再培养和引进森林康养专业人员即可正常开展此项工作，使良好的森林生态环境真正成为人们的养生天堂。

(2)以旅游促森林康养的发展　四川把森林康养作为旅游新业态进行大力扶植，森林康养集观光旅游、体育旅游和医疗旅游为一体，利用现有的旅游协会宣传渠道进行包装推广，对森林康养基地进行景区化建设和管理。

(3)以乡村旅游品牌为支撑发展森林康养　四川眉山县以峨眉山景区为核心，以乡村旅游品牌为支撑，发展乡村森林康养项目。一是以峨眉红山农旅产业园，通过发展精致农业、休闲农业和创意农业，发展400亩经济林果和200亩蔬菜基地，形成集休闲、商务、餐饮、农事体验、养生、养老为一体的乡村旅游业。二是龙池生态小镇。依托龙池湖高山湖泊和万亩蔬菜基地的产业优势，打造成生态休闲、观光采摘、乡村体验等农业观光游览基地。

(4)以特色旅游为基础发展森林康养　大兴安岭加格达奇林业局成功打造了多布库尔旅游风景区，冬季以马拉爬犁、雪地摩托、滑冰及品尝具有东北特色“八大碗”美食活动，开展了冰雪旅游；夏季以嬉水漂流、雾海观光、森林探险、蓝莓采摘等活动，开展夏季森林生态旅游。并以此推动森林康养产业的发展。由此形成旺季更旺，淡季不淡的新局面。

3. 与体育结合的森林康养

(1)概述　发展体育产业的根本目的在于提高人民的体质。森林是体育产业发展的新领域。在林区举办各种体育活动，如森林体育旅游、森林越野行走、森林高尔夫球，森林马拉松赛等等，对人体健康水平的提高，会收到更好的效果。体育产业与森林康养对接必将会产生更大的效益。森林康养机构应当利用自身的条件举办多种与森林有关的体育赛事和活动。

(2)四川省要求将各种体育运动纳入森林康养领域　《四川省全民健身实施计划(2016—2020)的通知》要求，推动全民健身与养老、助残事业及森林康养融合发展，努力改善民生、促进社会和谐。将各项竞技体育项目和特色运动，如森林自行车、森林越野行走、森林长跑、以及攀岩、滑翔、长板降速等，纳入森林康养领域。

(3)开设森林康养营地　四川瓦屋山国家森林公园在其野鸡坪景区开设了森林康养营地，其中有森林步道、山地自行车赛道、滑翔伞运动场、森林探险活动、户外射箭活动、军体活动以及室内塑胶标准运动场、乒乓球馆等体育运动项目，现已成为集森林康养、休闲、度假、会议、拓展、露营、健身、娱乐为一体的多功能区，收到了很好的效果。

4. 森林康养与文化、教育事业的合作

(1)概述　森林康养与文化教育事业有着密切的关系，各种文化活动可以启迪人们的心智、愉悦人们的心态，陶冶人们的情操，从而有助于身心的健康。

森林康养需要借助于包括森林在内的自然教育。热爱大自然、热爱森林更能够有益于身心的健康发展。我国教育体制改革把加强对未成年人的自然教育作为重点，尤其要注重对中小学生的自然教育。森林是开展自然教育最好的课堂。将教育事业的发展与森林有机地结合起来，也是教育事业发展的必然，可以收到很好的效果。将自然教育融入森林康养也是森林康养取得更佳效果的有效途径。森林康养修养人员通过自然教育，认识自然、认识树木、认识花草、亲近动物，有助于身心健康的恢复。

(2) 发掘地方独特的森林文化　大兴安岭加格达奇林业局发掘地方独特的原始森林文化、冰融长城地质奇观、史前古人类岩画等人文和自然资源，发展具有本土特色的旅游森林文化产业。通过建设中药材标本馆、动物标本馆及林产品展厅，对中小学生和广大群众进行自然教育。

(3) 开展森林自然教育　2016 年 2 月四川省省委教育工委、省教育厅印发 2016 年工作要点，要求加强中小学综合实践活动的指导，加强校外活动场所的建设和使用管理，开展自然式体育教育，建设森林课堂、完成森林课时，使森林教育常态化产业化。让孩子们在大自然中轻松接受教育，治疗部分孩子的“自然缺失症”，使孩子们健康快乐地成长。恢复中小学生春游秋游活动，推动教师学生积极参加森林教育、森林体验、防火演练、户外活动等有关森林教育的活动，并结合学校的自然教育课程，认证一批自然教育基地。对中小学生春游、秋游的组织、运输、饮食、医疗保障进行规范。推动大专院校和职业教育机构，积极培养人才、投身林业康养。

5. 森林康养与养老

我国养老产业是一个快速发展的产业，但是目前我国医疗和养老的现状是“看病的地方不养老，养老的地方看病难”。与日益增大的养老社会需求相比，医养融合供给明显不足。森林康养为缓解这一需求做出重大的贡献。森林康养可以使老年人在优美的森林环境下恢复体力心力，缓解和治愈各类老年病，以及实现病后的康复。森林康养机构也可以直接介入养老产业，养老产业向森林康养延伸可以获得最佳效果。森林康养机构介入养老产业也是其发展的重要途径。

6. 森林康养的培训

森林康养是一项全新的工作，需要大力培训相关的管理和技术人才。人才培训是近两年来森林康养工作的重点工作。除了国家林业和草原局有关单位举办了各种类型的森林康养培训班外，一些森林康养工作开展较好的省市也举办了森林康养技术和人才的培训。

7. 森林康养设施建设成果及经验

(1) 纳入土地利用总体规划　四川国土资源部门计划将森林四川瓦屋山森林公司纳入土地利用总体规划，四川瓦屋山森林公园将建成森林博物馆、中医馆、森林康养管理中心、森林学校。

(2) 利用森林步道展现森林景观　四川瓦屋山森林公园拥有 10 万余亩的柳杉林。柳杉系从日本引进，干形挺拔、高大伟岸、尖削度小，一年四季常青，且可以释放出多种有益于人体健康的物质，具有很好的观赏性。他们在柳杉林景观最美的地方兴建了 5 公里长的高质量的森林步道。柳杉林平均胸径在 40 厘米，树高在 30 米左右。一进步道区，柳杉林笔直向天，林荫密布，青翠满目，给人以耳目一新的感觉。

(3)依山形地貌进行建设　眉山云岭度假村依山势而建，不搞挖山填谷，充分利用自然风貌，形成别具一格、错落有致的森林康养建筑群落。建筑不占平地，以便腾出更多的土地用于饲料植物的种植和供人们休闲、娱乐之用。他们建设中还注意保护原有的大树。

(4)利用林下废弃物及当地天然材料建设森林步道　玉屏山森林康养基地以森林抚育采伐剩余物为主建设森林康养步道。浙江千岛湖森林公园康养步道，就近采用溪流边的石块建设，坚固耐用，有利于雨水直接渗入地下，减小地表径流，避免水土流失。

(5)森林康养的科技合作　已经开展的森林康养科技合作有：浙江雁荡山国家森林公园与中国林业科学研究院签订院省合作，成立中国林科院温州森林康养研究中心，双方组成专业科研团队专门研究森林健康和养生。北京多次邀请日本专家讲学并现场指导，取得了很好的效果。现已开展国际合作的有：中韩合作的“北京八达岭森林体验中心”、中德共建的“甘肃秦州森林体验教育中心”、福建旗山国家森林公园引进法国“金钥匙”养生酒店管理体系和“飞越丛林冒险乐园”。陕西朱雀森林公园是联合国教科文组织认定的青少年教育营地，以及贵州、山西中德合作森林体验基地等。

(6)不求大，做精品　浙江千岛湖森林公园立足本单位的实际情况，重点建设利用护林房的小项目，把小项目做出特色、做成精品，不追求一时的业绩。没把握的大项目慎重投资，不搞盲目投资、无效投资。他们利用现有条件，在环湖第一高峰东山尖登山营地建设登山溯溪道、森林茶舍、民宿酒店等，形成集健身、体验、康养于一体的森林康养产业。

三、存在的问题

1. 政策支持欠缺

目前森林康养虽为社会各界所认同，但由于国家缺乏系统的政策支持，森林康养工作目前尚处于一种举步维艰的地步。现养老、健康服务、旅游、体育、教育、中医药等产业的优惠扶持政策均已明确，但森林康养的优惠政策尚不明显。森林康养在全国范围内还没有形成一个清晰的发展思路和技术路线，至今林业部门尚无一个整体的森林康养规划。此外，森林康养涉及卫生、中医药、体育、旅游、教育、文化等部门，需要各部门的支持与合作，但目前尚未与这些部门就森林康养建立稳定的联系。现部分有条件开展森林康养工作的林场领导顾虑重重。

2. 资金匮乏

我国国有林区和林场现大都停止了木材采伐，资金比较紧张。森林康养工作涉及到基本建设，需要投入大量的资金，但林业单位很难筹措得到。由于林业单位一向与银行、金融单位的联系不很密切，也很难得到贷款。一些单位的森林康养设施由于资金不能到位，时常处于停停建建的状态。还有的单位由于资金紧张，只能小打小闹，建设一些应付眼前需求的简陋设施。一旦有了资金注入，这些设施便弃置一旁，造成重复建设。

森林康养基础设施薄弱，更进一步影响了投资者的信心，难以吸引大规模资金进入，进而形成恶性循环。

目前，国家对森林康养工作上的投资少之又少，这是森林康养产业起步困难的重要原因。资金匮乏已经成为制约森林康养事业发展的大问题。

3. 人才缺乏

森林康养对林业单位而言，是一项全新的工作。森林康养除了林业专业人才以外，还需要医疗、康复保健、旅游管理、文化教育、体育和投融资等多方面人才。大部分林业从业人员，从领导到基层职工，对森林康养知之甚少，他们在面对到林区进行康养的客户时，或者说外行话，或者不知所措。一些开展森林康养工作的单位，设施建设已经就绪，但人才的培养没有及时跟上来，致使森林康养工作难以正常开展。

4. 经营困难

森林康养工作刚刚起步，一些已经开展森林康养的单位举步维艰，如漠河北极村张仲景养生院自2014年成立以来总投资达到1.5亿元人民币。可同时接待养老、养生、会议、住宿300人左右。主要接待客源由团体、网络、游客、散客组成。但企业自成立以来，一直处于负债经营的困境。2016年工作局面开始打开，全年总接待4000余人次，尚亏损200余万元。亏损原因有：①交通不便利；②航班少；③旅游规划景点不集中，距离较远。

5. 缺乏强有力的科技支撑

“森林与健康”是一个全新的研究领域，涉及多个跨学科的课题，包括林业、旅游、医学、环境等专业，仅医学又应包括临床医学、预防医学、环境医学、心理医学、物理治疗等等多个亚学科，研究课题涵盖了森林环境、森林对健康影响的机理、森林康养方式、森林健康产品、森林康养的经营与推广等多个范围。森林康养需要强有力的科技支撑，医学、人体健康与森林的诸多关系尚未根本搞清，有的虽已有初步结论，但仍需进一步深入研究。目前，有关森林康养的基础和应用研究基本没有开展，森林康养的标准化工作也才刚刚起步，与实际需求相差甚远。

6. 缺乏长远的森林康养规划

很多已经从事森林康养工作的林业单位，没有相应的森林康养规划。一些森林康养设施建设是随意的，各森林康养设施互不关联。

还有的林业单位，将森林资产作为与康养企业合作的资本，但不参与森林康养的具体营建和管理工作，森林康养设施建设全凭入驻企业决定，结果搞了不少不伦不类的项目。

四、森林康养产业未来发展方向

1. 森林康养是我国大健康工程中的重要组成部分

森林生态资源是大健康产业最好的平台，大健康产业的各种形式都可以在森林里开展。以森林医学为基础和支点的森林康养产业是中国大健康产业的一支生力军。我国医疗体制改革呼唤森林康养。随着亚健康人群增多、慢性病发病率上升，我国医药体制正面临着由传统的治病，开始向疾病的预防与提高人体健康水平转变。

森林康养可以明显提高人们的身体素质，提高人们防病、抗病能力，改善人们的精神状态，使疾病得到缓解和康复。目前，我国各大医院人满为患，病床紧张，森林康养可以作为医院治愈疾病的延伸。手术后的病人及时转入森林康养医院，可以大大为缓解我国医院面临的压力。近年来，医疗旅游作为一种治愈疾病的形式正在受到人们的关注。森林康养是医疗旅游的最佳选择。

森林康养在实践医药系统改革与创新中，大有用武之地，是实现由治病到防病转变的优质平台。森林康养可以做到养疗互补，先疗后养，先养后疗。森林康养可以在我国医药体制改革中发挥更大的作用。

2. 森林康养产业有着十分广阔的发展空间

森林康养的社会需求将会越来越大。工业的发展，科技的进步，给人们的生活带来了便利，但也引发了一些社会问题。环境的恶化每天都影响着人们的健康。此外，我们在追求高质量生活的同时，心理压力增大。人们希望能够找到一个可以远离尘嚣，亲近自然，放松身心的地方。越来越多的人在节假日走向森林。人们在森林里可以尽情地享受大自然所赋予人类的一切美好的事物，使大量的亚健康群体和患有各种疾病的人们得到康复和治愈。

社会的进步和科技的发展，会将人们从烦躁乏味的工作中解放出来。将来很多工作可以由机器人来完成，很多企事业单位会实行弹性工作制度，人们休闲的时间会越来越多。到森林里去，进行森林康养活动，提高自己的心智体力，会成为人们普遍追求的生活方式。随着人们的文化层次、科技意识的提高，人们对森林、对健康的认知度会越来越高，对森林康养的需求会越来越旺盛。

我国森林康养的资源十分充裕。现已有各类森林旅游地将近9000处，从理论上讲，凡适合开展森林旅游的地方，都可以开展森林康养活动。因此，我国有足够的森林资源可以支撑森林康养产业的发展。

国外有成熟的、可以借鉴的经验。从世界林业发展趋势看，森林康养与国家利益、国民福祉和经济社会的发展密切相关，将成为未来国际林业发展的主要方向和动力。世界发达国家如德国、丹麦、瑞典、美国、澳大利亚、日本、韩国等据此对林业发展模式进行了调整，并将森林康养作为林业提质增效和转型升级的重要内容。

森林康养还可以在涉及旅游、体育、教育、食品、环保、文化、生态文明、互联网等与健康息息相关的领域孕育新的市场机会和社会就业机会。森林康养产业的发展直接促进了林业内部各相关产业的发展、促进就业，进一步挖掘了森林资源的开发利用。

3. 森林康养是林下经济的璀璨明珠

森林康养是林下经济的高端产业。林下经济包括种植业、养殖业、加工业以及森林体验、休闲、度假、旅游等服务业。森林康养是在这些产业的基础上发展起来的新兴产业，也是林下经济的高端产业。

森林康养是带动其他林业产业发展的引擎。森林康养不仅将成为我国生态林业、民生林业建设的最佳实践，成为壮大林业产业体系新的增长点，还是带动林业其他产业的引擎。

森林康养需要膳食疗养，也就是说，需要消费按照营养和医疗要求配置的蔬菜、粮食、肉类、水果、奶、蛋、蜂蜜及茶、酒等食品和饮品，以及可用于膳食疗养的中药材。因此森林康养可以促进林下种植业、养殖业及森林采集业等林下经济的发展；可以促进食品加工业的发展；可以促进森林休闲、度假、旅游及住宿饮食服务业的发展。

森林康养可以就地实现林产品的自销。森林康养带动了林下经济的发展，也为林下经济提供了可靠的落脚点。近年来，林下经济得到了突飞猛进的发展，但林下产品的外销一直是制约林下经济发展的瓶颈。一些林业单位由于信息不灵、交通不便，林下经济产品卖不出去，造成积压，影响了林下经济产业的健康发展。森林康养要求膳食材料必须有相当的比例出自当地，有的森林康养机构提出当地森林出产的食物材料的比例不得低于80%，因此，可以就地消化大量的林下经济产品。森林康养的修养人员不仅在修养期间消费林区资产的产品，还会在修养期结束以后，带走或订购他们中意的林产品。森林康养可以为消费林区自产的产品开拓一条广阔的途径。

4. 森林康养是推动林业改革与发展的重要动力

森林康养是国有林区、林场转型的重要举措。我国有面积巨大的国有林区，仅黑龙江、吉林、内蒙古国有林区的面积就达34.64万平方公里，我国现有国有林场4855个，培育和管理全国近1/4的森林资源。这些国有林区和国有林场拥有全国最美的森林资源。国有林区、林场借助于优美的森林环境，开展森林康养是时代的需求，也是国有林场改革的必然选择。

国有林区、林场开展森林康养工作有着得天独厚的条件，除了丰富的森林资源外，原有的森林道路、办公场所、运输车辆、职工宿舍等基础设施都可以利用起来。国有林场的员工可以经过适当的培训，转为森林康养从业人员。森林康养涉及林业改革的方方面面。此外，国有林场的林地属国家所有，不存在林地权属不清等林业开发中常见的问题。森林康养是林业转型创新的重要内容，也是林业改革与发展的重大举措。

第三部分

附 录

国家林业局关于实施森林生态标志产品建设工程的通知

林改发〔2017〕109号

各省、自治区、直辖市林业厅（局），内蒙古、吉林、龙江、大兴安岭森工（林业）集团公司，新疆生产建设兵团林业局，国家林业局各司局、各直属单位：

为认真贯彻落实《中共中央 国务院关于深入推进农业供给侧结构性改革 加快培育农业农村发展新动能的若干意见》（中发〔2017〕1号）"实施森林生态标志产品建设工程"的要求，增加绿色、生态、安全林产品有效供给，引导绿色生产和绿色消费，促进林业产业绿色健康发展，现将实施森林生态标志产品建设工程有关事项通知如下：

一、充分认识实施森林生态标志产品建设工程的重大意义

实施森林生态标志产品建设工程是新常态下适应绿色发展新趋势，践行绿色发展新理念，培育绿色发展新动能的重大举措，有利于推进林业产业转型升级，促进林业一、二、三产业融合发展，带动林区脱贫致富和精准扶贫；有利于推动林业产业结构调整，深化林业供给侧结构性改革，提升生态林产品供给能力；有利于培育林业品牌，激发企业创新活力，引导和促进绿色消费，提高林产品附加值和溢价能力；有利于推动林产品提质增效，为广大消费者提供绿色、生态和放心的林产品；有利于盘活市场流通要素，规范林产品市场流通秩序，营造正当竞争、公平竞争的市场环境；有利于提高我国林产品国际竞争能力，扩大林产品国际贸易，拓展林产品国际市场，巩固提升我国林业大国地位和国际形象；有利于转变林业发展方式，加快林业现代化建设，促进绿色增长和生态文明建设。

——实施森林生态标志产品建设工程是践行"绿水青山就是金山银山"理念的有力抓手。森林生态标志产品源自森林资源，产自森林生态系统。实施森林生态标志产品建设工程将有力促进生态保护，守护好绿水青山；精准提升森林资源质量和价值，发展好"金山银山"，更好实现"生态美、百姓富"的有机统一。

——实施森林生态标志产品建设工程是加快林业现代化建设的内在要求。当前，我国林业产业还存在大而不强、附加值不高和综合竞争力较弱等突出问题，转型升级的任务紧迫而繁重。实施森林生态标志产品建设工程，可以激发企业创新活力，推动林业产业结构调整，提升林产品供给质量，提高林业产业附加值，促进林业产业提质

增效和做大做强，加快推进林业现代化。

——实施森林生态标志产品建设工程是引导和培育绿色消费的必然选择。森林生态标志产品建设工程以更好满足消费者需求为目的，推进林业供给侧结构性改革，通过标准制定、品牌推广、机制创新等措施，提升森林生态产品质量，满足“绿色、优质、营养、安全”的消费需求，推动绿色发展，服务生态文明建设。

二、准确把握实施森林生态标志产品建设工程的指导思想和基本原则

实施森林生态标志产品建设工程要牢固树立创新、协调、绿色、开放、共享的发展理念，以保护优良产地环境、生产优质产品、提供优质服务为主线，加强管理服务、强化品牌保护，充分发挥森林生态标志产品的战略性、基础性、引领性作用，创新林产品供给机制、林业产业发展机制和林业服务机制，促进产业转型升级，增加森林生态产品有效供给，更好地满足全社会对林产品多层次多样化需求，全面提升林业产业发展的质量和效益。注意把握好以下基本原则。

（一）统筹兼顾，绿色发展。坚持“生态第一，保护优先”，依靠优良的生态系统环境培育、开发森林生态产品。通过利益联结机制和产品基地建设，让林地变基地、农民变股民，让林农分享品牌溢价收益，促进农民就业增收，实现“生态美，百姓富”。

（二）精品定位，质量优先。坚持质量管理与森林生态标志产品建设相结合，建设优于普通产品的森林生态产品体系，提高产品服务质量，强化后续监管，确保品牌公信力，打造精品品牌。

（三）政府引导，市场引领。大力发展线上和线下两个市场，疏通社会资本上山入林的通道，打通森林生态标志产品进场入店的渠道，确保优质产品优价销售。健全完善森林生态标志产品建设工程管理体制和运行机制，优化市场环境，不断激发工程建设的活力和潜力。

（四）重点突破，带动全局。鼓励和支持有实力、已具备一定影响力、能够代表中国优势的品牌，率先实现突破性发展，带动相关产业链上更多品牌的发展。

（五）扶优扶强，打假治劣。加大对龙头企业、优秀品牌的扶持力度，加强森林生态标志产品的评估、管理、监督，坚决打击生产、销售假冒伪劣产品的行为，完善动态管理和惩戒机制，实行优胜劣汰，切实提高森林生态标志产品的社会公信力。

（六）开放合作，国际接轨。立足国情林情，充分借鉴国外先进经验，深化国际合作交流，维护我国在森林生态产品领域的发展权和话语权，促进我国森林生态标志产品标准的国际互认。

三、明确森林生态标志产品建设工程目标和主要任务

实施森林生态标志产品建设工程是一项全新的工作，其基本目标是：从长远看，要全面建立森林生态标志产品的标准、标识、品牌、评价、监管等相关体系，健全相关管理规定和配套政策，增加森林生态标志产品有效供给，不断扩大森林生态标志产

品市场认可度，大幅提升森林生态产业规模、市场份额和质量效益，促进林业产业全面转型升级，全面提升林业产业发展质量和效益。从近期看，力争用1～2年时间，国家森林生态标志主要产品标准体系基本成型、国家森林生态标志产品评价体系基本完善、综合信息服务平台基本建立、流通体系基本形成、监管体系基本健全。森林生态标志产品建设工程的主要任务是：

(1)建立产品标准体系　制定森林生态标志产品标准体系规划，编制标准体系框架和标准明细表，建立森林生态标志产品原料标准、基础材料标准、复合产品标准、生产加工设备标准、基础设施设备标准、生态环境标准，选择重点产品和主要服务领域，加快构建以行业标准为主导、以产地标准为基础、以团体标准及企业标准为补充的相互配套的森林生态标志产品标准体系。

(2)完善产品评价体系　按照《国家森林生态标志产品通用规则》(见附件)要求，针对产品的产地环境、生产、加工、仓储、物流、营销等环节，制定并逐步规范国家森林生态标志产品评价体系，引领森林生态标志产品标准化、生态化、个性化、品牌化生产。

(3)建立产品品牌体系　制定森林生态标志产品品牌发展规划，对现有的有关森林生态产品的品牌体系进行梳理，把技术含量高、市场容量大、高附加值、低能耗的产品列入战略规划。建立森林生态标志产品品牌推广、标识识别等关键环节的规则和机制，形成品牌全程管理体系。重点做好品牌体系创建和运营管理设计、宣传推广和品牌价值提升等工作，提升森林生态标志产品品牌的影响力。

(4)建设产品生产基地　以优势林产品产业带、特色林产品优势区和林业大县为依托，以提升名优新特林产品生产能力和经营水平为重点，着力创建一批森林生态标志产品生产基地。加大产销对接力度，形成生态培育、生态制造、生态服务相互促进的良性循环机制，促进林业一二三产业融合发展，拓展森林生态标志产品相关服务功能。

(5)建立产品营销流通体系　大力发展森林生态标志产品连锁经营网络，建设以农民林业专业合作社、产品生产基地为基础，批发市场、集配中心为骨干，直销中心、连锁超市为龙头，城乡居民、集团客户为终端的森林生态标志产品流通体系。建立全国森林生态标志产品展示交易中心。推进森林生态标志产品展销厅连锁店与电商集群相结合的线上线下结合营销。支持有条件的企业设立森林生态标志产品展示店和专营店。推广林超对接、连锁经营、电子商务、展示订货、经纪人代理等新型交易方式。

(6)建立产品质量安全追溯和监控体系　建立健全森林生态标志产品质量安全监管、检验、监测和追溯四大体系，构建相应平台。建立全国统一的森林生态标志产品质量追溯管理信息平台、制度规范和技术标准。在国家林业重点龙头企业、名优新特产品及产品基地开展追溯试点，逐步扩大追溯范围。建立森林生态标志产品市场监督机制。推进森林生态标志产品信用体系建设，严格落实生产者对产品质量的主体责任、产品标志审核机构对审核结果的连带责任。

(7)建立全国森林生态标志产品数据服务平台　结合涉林企业和重点林产品信息普查工作，搭建全国森林生态标志产品数据服务、质量追溯、品牌公信查询等信息服务平台。运用大数据技术完善森林生态标志产品监管方式，建立森林生态标志产品评价标准和实施效果的指标量化评估机制。建立健全森林生态标志产品技术支撑体系，加强标准制定和产品评定能力建设。建立统一的森林生态标志产品信息平台并与国家统一的绿色产品信息平台相衔接，公开发布森林生态标志产品相关政策法规、标准清单、规则程序、产品目录、实施机构等信息。

四、切实加强领导，确保各项工作顺利推进

（1）明确分工，落实工作责任　森林生态标志产品建设工程由国家林业局统一组织开展，各有关司局、各有关直属单位按相应职责做好相关工作。国家林业局林业产业办公室负责日常管理工作，指导监督国家森林生态标志产品建设工程有序开展。中国林业产业联合会受国家林业局委托负责组织实施。要依据《国家森林生态标志产品通用规则》，加快制定国家森林生态标志产品和生产基地的团体标准、认定技术规范和操作规程，明确申报、评价、认定程序，确保公开、公正、公平、透明；坚持自愿申报、不干预企业自主生产经营活动原则，开展国家森林生态标志产品认定工作；严格管理国家森林生态标志产品证书和标识使用；加快建设国家森林生态标志产品信息服务平台，宣传推介国家森林生态标志产品；按照有关规定，抓紧注册"国家森林生态标志产品"证明性商标。

（2）上下结合，创造良好氛围　各级林业主管部门要结合本地实际，制定本地区国家森林生态标志产品发展规划和相应的扶持政策，鼓励和引导经营主体创建国家森林生态标志产品生产基地和国家森林生态标志产品。要积极创造政策环境，充分释放市场活力，推动社会力量共同参与森林生态标志产品建设工程。充分发挥媒体作用，积极利用各种产业博览会、交易会等，加强对森林生态标志产品建设工程的宣传，营造全社会关心支持森林生态标志产品品牌建设的良好氛围。充分利用传统媒体，积极应用新媒体，加大品牌宣传推广力度，提升品牌公信力和影响力。

各地各有关单位在实施森林生态标志产品建设工程工作中遇到的困难、问题请及时报告国家林业局林业产业办公室。

特此通知。

附件：国家森林生态标志产品通用规则

国家林业局
2017 年 9 月 30 日

附件

国家森林生态标志产品通用规则

1 范围

本通用规则适用于各类生产经营组织申请国家森林生态标志产品认定应满足的基本要求，并作为制定认定细则及规程、实施认定评估的依据。

2 术语与定义

下列术语和定义适用于本通用规则。

2.1 森林生态标志产品

在原生境条件下自然生长的野生产品，或产自良好森林生态系统，产品全生命周期没有使用人工合成的化学品，原辅材料不含有转基因成分，无污染、无生态风险、品质优良，经认定并获得国家森林生态产品标志的木质或非木质林产品。

2.2 良好的森林生态系统

由植物、动物、微生物等要素组成，受森林的水文、土壤、气候等环境条件影响，物质、能量、生产力交换有序，形成健康、稳定的自然生态系统。

2.3 原生境

未经人为活动而改变的野生动植物赖以生存的自然生态环境。

2.4 森林小气候

受森林生态系统影响而形成的特定区域性气候状况。

2.5 认定要素

对产品合规性评定所要求证明、检测、评审的内容。

2.6 产品生命周期

产品生命周期是指产品生长、原材料提取、生产加工、包装、储运等一系列完整过程。

3 基本要求

3.1 申请组织应建立符合法律法规要求的质量管理体系、环境管理体系、安全生产管理体系。

3.2 产品质量符合国家相关标准和技术规范。

3.3 不得使用含有转基因成分的原辅材料。

3.4 产品全生命周期禁止使用人工合成的化学品。

4 原料生长地

4.1 符合原生境条件的生长地要求或满足以下要求：

a）土壤环境质量符合 GB15618 标准中的一级标准。

b）灌溉用水质符合 GB5084 规定的要求。

c）环境空气质量符合 GB3095 规定的一级标准。

d）食用林产品产地环境符合 LY/T1678 的规定。

e）木质产品生长地要求另行制定。

4.2　具有森林小气候特征。

5　生产加工

5.1　产品原料

5.1.1　主要原料

产品原料来源于符合本通则“4 原料生长地”条款要求的林产品。

5.1.2　加工辅料

产品加工过程中所使用辅料应符合国家相关标准。

5.2　加工地及其环境符合国家相关标准。

5.3　加工工艺及设备

实行清洁生产，保证原料主要成分的森林生态属性，产品设备和工艺符合国家规定的环保和技术要求。

6　包装

6.1　产品包装应符合国家相关规定，鼓励使用生态和可降解包装材料。

6.2　产品包装要正确使用国家森林生态标志产品标识。

7　储存

7.1　产品储存应符合国家或行业相关规定。

7.2　根据产品品质和安全管理要求进行产品储存，森林生态标志产品应与其他产品做标识区分，分区存放。

8　运输

8.1　按照国家或行业产品运输规定，提供适宜的温度和湿度等运输条件，对易腐和保鲜产品应采用全程冷链运输。

8.2　森林生态标志产品与其他产品应有效分隔，保证森林生态标志产品品质。

9　产品溯源

9.1　创新溯源管理机制，制定森林生态标志产品追溯标准，建立全国统一的森林生态标志产品溯源平台。

9.2　申请组织建立产品跟踪管理档案，确保森林生态标志产品信息可追溯到生长地。

9.3　申请组织应提供森林生态标志产品溯源平台所需的产品信息，确保信息真实。

10　认定要素

10.1　基本要素

10.1.1　产品产地范围

10.1.2 产地自然社会环境

10.1.3 生产加工对环境的影响

10.1.4 产品成分构成及来源

10.1.5 加工工艺

10.1.6 产品包装

10.1.7 产品标准

10.1.8 产品生态价值

10.2 核心要素

10.2.1 产品森林小气候特性

10.2.2 产品全生命周期管理

10.2.3 食用产品转基因、非转基因物种鉴别

11 特殊规定

有关沙漠、湿地等自然生态系统产品，满足本通用规则原生境、产品全生命周期管理、食用产品原料属非转基因、无人工合成化学品等要求条件，可以开展森林生态标志产品的认定，标准或细则另行规定。

12 附则

本通用规则自发布之日起施行，由国家林业局负责解释。

后记

中国林业产业联合会受国家林业和草原局委托，承担组织编写《中国林业产业发展指南》(下称《指南》)的课题。本次指南编写的目的在于指明新形势下林业产业的新任务，推动我国林业产业的升级和转型，提升中国林业企业的国际形象和竞争力，促进我国林业产业健康、快速、有序和科学发展，为建设生态文明、建设美丽中国做出应有的贡献。在《指南》编撰过程中，我们以优质和前瞻为主要前提，以有利于林业产业决策为主要原则，借鉴和收录了多位林业产业一线同志的研究成果和文稿，在此深表敬意并致以谢意！同时希望《指南》有助于读者更加详细了解我国林业产业在当前时期发展的新趋势和新方向。

由于时间仓促和水平有限，缺点和谬误在所难免，敬请读者就本指南的整体策划、内容编排及编校质量等提出宝贵意见和建议，以便我们进一步改正和提高。编辑部办公室设在中国林业产业联合会秘书处，地址和联系方式如下，欢迎各界人士与我们联系与合作，也欢迎业内专家和学者多多指教。

地　　址：北京市东城区和平里东街18号国家林业和草原局院内
邮政编码：100714
电　　话：010－84238687 传真：010－84238372

中国林业产业联合会
2018年11月